**Gebrauchsanweisung
für die Schweiz**

Thomas Küng

Gebrauchsanweisung für die Schweiz

Unter Mitarbeit von Peter Schneider

PIPER
München Berlin Zürich

www.cpibooks.de/klimaneutral

Mehr über unsere Autoren und Bücher:
www.piper.de

ISBN 978-3-492-27566-8
Völlig überarbeitete Neuausgabe 2008
10. Auflage 2015
© Piper Verlag GmbH, München/Berlin 1996
Karte: cartomedia, Karlsruhe
Gesamtherstellung: CPI books GmbH, Leck
Printed in Germany

Inhalt

Vorwort	7
Platt gewalzt ein Riesenreich – Ein weisser Fleck wird ausgemalt	13
Der harte Kampf ums Mittelmass – Der Schweizer an sich	31
Kein Schweizer isst Müsli – Die Sprache(n) der Eingeborenen	48
Sie haben mit Ihrem Pneu auf dem Trottoir parkiert! – Verkehr in allen Lagen	66
Sind Sie bedient? – Essen und Trinken	86
Sterne lügen nicht	100
Über Personen und deren Freizügigkeit	104
Von Underzügli, Wybberhagge, 24 Schuss, Nouss und anderem Brauchtum	122
Das geteilte Ärgernis	147
Auch Köbi ist Ausländer	160
Das Stimmvieh schickte wuchtig bachab – Schweizer Politik	167
Mit Millionen anderen Bögli fahren	179
Charas audituras, chars auditurs: Kultur und Medien	187
Bei Küde und Susle zu Besuch	197

Vorwort

»Wer ist für Sie der berühmteste Schweizer?«, fragten Genfer Mittelschüler Passanten in Europas Hauptstädten. In vier von neun Umfragen gewann Wilhelm Tell (konkurrenzlos), in den anderen fünf kam den Leuten erst gar kein Schweizer in den Sinn. Dabei hätte man doch mit ein bisschen Nachdenken auf Max Frisch, Friedrich Dürrenmatt, Meret Oppenheim, Jean Tinguely, Bruno Ganz, Kurt Felix, Dieter Meier, Jean Ziegler, Roger Federer, Ursula Andress, Lilo Pulver, Martina Hingis, C. G. Jung, Henri Dunant, Joe Ackermann, Carla del Ponte und Emil kommen können. Dass Einstein und Yul Brynner Schweizer waren, wird übrigens meist unterschlagen. Sicher kommen Ihnen auch keine Schweizer Politiker in den Sinn. Daran sind weder Sie noch sie schuld, es liegt am System. Darauf kommen wir zurück.

Folgende, durch Zeugen belegte Geschichte müssen

Sie kennen, wenn Sie in die Schweiz kommen: Treffen sich vier Knirpse im Laufgitter. Der kleine Deutsche, Italiener und Franzose debattieren hitzig über die Frage, woher die Kinder kommen, der Schweizer hört interessiert zu. Der Deutsche ereifert sich: »Ich weiss* es genau, Mutter hat es mir erzählt. Der Storch bringt die Babys in der Reihenfolge des Bestellungseingangs.« Der Italiener schüttelt den Kopf: »Die kleinen Kinder wachsen aus den Kohlköpfen.« Dazu kann der Franzose nur grinsen: »Im Detail darf ich's euch nicht erklären. Nur soviel: Es hat etwas mit Mann und Frau zu tun, viel mit dem Ehebett und vor allem mit Schwangerschaft.« Die drei können sich nicht einigen. Der Deutsche fragt schliesslich nach der Meinung des Schweizers: »Nun«, sagt der Angesprochene, »bei uns wird das natürlich von Kanton zu Kanton verschieden gehandhabt.«

Und nicht nur von Kanton zu Kanton: Neben den Kantonen gibt's noch Halbkantone, und da ist alles noch einmal verschieden.

»Die Schweiz ist praktisch und zweckmässig – und ein wenig langweilig. Es gibt das treffende Bonmot: Es ist schön, als Schweizer geboren zu werden; es ist schön, als Schweizer zu sterben. Doch was macht man in der Zwischenzeit? Meine Antwort lautet gut schweizerisch: Ich vertue diese Zwischenzeit mit Arbeiten«, sagte Dürrenmatt in einem seiner letzten Interviews in der *Zeit*.

Erster Eindruck: Wenn Sie in einem besetzten Haus in Berlin-Kreuzberg wohnen und in die Schweiz fah-

---

* In der Schweiz ist generell ss statt ß gebräuchlich. Zur Einstimmung für Schweiz-Besucher wird die landesübliche Schreibweise beibehalten (A.d.R.)

ren, um die Hausbesetzergenossen von Zürich-Aussersihl zu besuchen, wird sich Ihr Kulturschock in Grenzen halten. Desgleichen wenn Sie aus einem besseren Düsseldorfer Hause kommen und in einem besseren Hause der Zürcher *Goldküste* zu Besuch weilen. (Die Goldküste ist das rechte Zürichseeufer, an dem die Gemeinden mit den schönsten Villen und den niedrigsten Steuersätzen liegen.) So Sie aber ein Otto Normalverbraucher aus der Kleinstadt sind und das erste Mal in die Schweiz kommen, noch dazu in eine Grossstadt wie Zürich, oder als Student mit dem Gedanken spielen, ein paar Semester in Zürich zu studieren, und nun eine bescheidene Bleibe suchen, dann wird Sie das Aschenputtelsyndrom befallen. Sie werden mit grossen Augen wahrnehmen, dass die Mensa der ETH (Eidgenössische Technische Hochschule) über eine Aussicht verfügt, für die manches Ausflugslokal glatt die Preise verdoppeln würde, dafür aber das Mensaessen nahezu so teuer ist wie in einem Landgasthof bei Ihnen daheim. Sie werden feststellen, dass in der Schweiz die Brötchen und die Butter etwa zwei- bis dreimal so viel kosten wie in Ihrem heimischen Supermarkt – die Tafel Schweizer Schokolade auch. Kurz, dass Sie mit Ihrem ordentlichen Nettoeinkommen – wenn Sie hier lebten – an der Armutsgrenze rangieren würden. Dieses Bild ist sicher drastisch, aber wahr.

Der Schweizer Lebensstandard ist einer der höchsten in der Welt, und die hohen Preise werden nur durch die noch höheren Einkommen wettgemacht. Der relative Reichtum der Schweizer kommt allerdings nicht protzig daher. Er ist etwas einerseits Unfassbares, andererseits Unübersehbares: Es ist alles ein bisschen schöner – die

Städte, die Menschen, die Läden, die Kleider ... Die Schweiz ist ein ausgezeichneter Beleg für die intuitiv plausible, aber nie schlüssig zu beweisende These, dass Geld und Ästhetik auf ebenso ungerechte wie innige Weise miteinander verbunden sind. Ärgern Sie sich nicht; geniessen Sie's neidlos – ein paar Ferientage oder -wochen können Sie allemal mithalten. Und sollten Sie wider Willen doch eifersüchtig werden auf die Schweizer, trösten Sie sich: Es ist auch da nicht alles Gold, was glänzt. Gerade in den letzten Jahren ist mancher Glanz matter geworden und hat sichtbare Flecken und Sprünge bekommen.

Die Schweiz interessiert Sie? Sie sind nicht allein: 35,9 Millionen Hotelübernachtungen wurden 2014 im Land der Eidgenossen gebucht. Davon entfielen 54,4 Prozent auf Ausländer. Die Deutschen stellten mit 15 Prozent den grössten Anteil, das sind 5,4 Millionen Übernachtungen. Wenn Sie dazugehören, dürfen Sie sicher sein, dass Sie willkommen waren und es weiterhin sein werden. Denn so kompliziert das Verhältnis der Schweizer gegenüber Ausländern ist, es wird von einer einfachen Grundstruktur bestimmt: Die Schweizer unterscheiden zwischen Ausländern, die etwas bringen, und solchen, die etwas holen (wollen). Dass in den vergangenen Jahrhunderten viele Ausländer etwas brachten, bestreitet kein Schweizer. In der Wirtschaft zeugen davon Namen wie Nestlé, Knorr und Bührle (deutsch), Brown und Boveri (englisch), Tissot (französisch) und nicht zu vergessen Maggi (italienisch).

Aber wir – das sind die Verfasser – beginnen uns bereits im Detail zu verlieren, was Sie uns gütigerweise nachsehen wollen, denn gerade in einem kleinen Land kommt es auf Details und Nuancen an.

Obwohl die Schweiz nie Kolonien besass – da bewahrte der fehlende Meereszugang die Alpenrepublik vor offensichtlichen Dummheiten und Verbrechen –, ist sie überall auf der Welt mit diversen Produkten präsent. Oder sie dient als Vergleichsmassstab für Landschaft und Demokratie, wo lange Worte zu umständlich scheinen. Das demokratische Chile galt als *Schweiz Südamerikas*, der Libanon als *Schweiz des Nahen Ostens* – bis zum verheerenden Bürgerkrieg. Glücklicher sind die Landschaftsvergleiche mit der *Fränkischen* oder *Sächsischen Schweiz* etwa oder Neuseeland als *Schweiz des Pazifik*. Die haben länger Bestand. Hoffentlich.

Betont sei vorweg, dass wir, wenn wir vom Schweizer oder den Schweizern sprechen, die Schweizerin beziehungsweise die Schweizerinnen stets mit meinen. Das betonen wir nicht nur, weil wir's tatsächlich meinen, sondern auch als kleines Indiz dafür, dass wir selbst keine schlechten Schweizer sind. Denn es gehört zu einem unausgesprochenen Prinzip der Bevölkerung, Affronts und Konflikte – in diesem Fall mit Ihnen, geschätzte Leserin – schon auszuschliessen, noch bevor sie sich richtig abzeichnen können.

An diesem Buch haben zwei Autoren gearbeitet: der Deutsche Peter Schneider und der Schweizer Thomas Küng. Der eine dürfte, ohne sich entschuldigen zu müssen, von *denen da* reden, der andere müsste ehrlicherweise von *uns* erzählen. In einem Buch aber, in dem die Arbeit nicht kapitelweise aufgeteilt wurde, kann dem Leser ein solches *Chrüsimüsi* (Durcheinander) schwerlich zugemutet werden. Folglich tun wir beide so, als betrachteten wir die Schweiz und ihre Bewohner von aussen, genauer: als teilnehmende Beobachter – mittendrin und zugleich distanziert. So fällt es auch leichter, zu verallgemeinern, wo Differenzierungen fairer wären – und langweiliger.

Wissen ist gut, Vorurteile sind mitnichten immer schlecht. Was wir bestätigen oder korrigieren, hing stets von Stimmungen, Zufällen und subjektiven Erfahrungen ab. In diesem Sinn ist in diesem Buch alles wahr, jedes Wort, manchmal sogar das Gegenteil.

Platt gewalzt ein Riesenreich – Ein weisser Fleck wird ausgemalt

Wenn man die Schweiz platt walzen würde, käme man auf ein Vielfaches der gut 40 000 Quadratkilometer, die heute die eidgenössische Alpenrepublik ausmachen. Anders gesagt: Berge und Täler ergeben eine riesige Oberfläche, in der sich die einzelnen Grüppchen verlaufen können. Rechts eine Felswand, links noch eine – die beste Voraussetzung für ein Brett vor dem Kopf, könnte man meinen. Die im nächsten Tal sprechen schon wieder anders, folglich kann man die gar nicht ernst nehmen.

Über die Talschaften hinaus wird auf die regionalen Unterschiede gepocht und werden Feindschaften gepflegt. Die angeblich grossmäuligen *Zürcher* (nicht Züricher!) sind an der *Basler* (nicht Baseler!) Fasnacht Ziel des Spotts in Versen und saloppen Sprüchen (»Was ist das Beste an Zürich? Der nächste Zug nach Basel«), die Ostschweizer (*St. Gallen, Schaffhausen, Thurgau* und *Appen-*

zell) werden vom Rest wegen ihres Akzents verhöhnt, *Bündner* mögen die *Unterländer* (und das sind alle, ausser den Berglern selbst) nur, wenn sie als Touristen Geld dalassen, die *Tessiner* jenseits des *Gotthards* fühlen sich ständig übergangen, und die Französischschweizer schimpfen über *les chtaubirn* (sprich: Schtobirn; von *stubborn?*) aus der Deutschschweiz. Bleiben noch ein paar Kantone, die gewohnt sind, zwischen den Stühlen zu sitzen: der aus mehr oder weniger (eher weniger) unerfindlichen Gründen Kulturkanton genannte *Aargau* zum Beispiel, dessen wesentliches Merkmal es ist, zwischen *Zürich, Basel* und *Bern* zu liegen. Aber der Aargau ist mehr als nur ermüdender Teil einer Reisestrecke: Er ist Schweizer Durchschnitt. Wie der Kanton Aargau abstimmt oder wählt, so tut das im Allgemeinen auch die Summe der restlichen Schweiz. *Solothurn* ist geografisch in einer ähnlichen Position zwischen Bern und Basel und bedeutend als Heimatkanton zahlreicher Sitzungen, die in gut schweizerischer Kompromisslerei gern in *Olten* abgehalten werden, weil das so schön mitten im Dreieck Bern-Basel-Zürich auf dem zentralen Verkehrsknotenpunkt der Deutschschweiz liegt, von wo aus einst das Schweizer Eisenbahnnetz geplant und gebaut wurde.

So viel fürs Erste zum schweizerischen Regionalismus. Wer es möglichst genau wissen will, der greife zum Buch *26mal die Schweiz* von Fritz René Allemann. Er widmete genau 600 – gut lesbare – Seiten der Beschreibung dessen, was in diesen letzten Zeilen nur angedeutet wurde.

Obwohl sich eigentlich alle Schweizer über den *Kantönligeist* ärgern – natürlich über den jeweils anderen –, geht das in Ordnung, denn die Kultivierung der Vielfalt in der Einheit, der Einheit trotz der Vielfalt ist der nationale Kitt der Schweiz. Die Schweiz wirkt von aussen wie ein stabiles Jugoslawien Mitteleuropas. Die Schweizer bringen unter ein *Sennechäppli*, was normale Menschen nicht einmal unter einen Sombrero brächten: eine Handvoll Viertausender mit ewigem Schnee und Gletscherlandschaften ebenso wie mediterranes Klima im Tessin, *Wallis* und Genferseegebiet; vier Sprachregionen, von denen die *Romandie* (französische Schweiz) mindestens kulturell zu Frankreich, das Tessin nicht nur sprachlich, sondern auch geografisch zu Italien gehört; die 50000 *Rätoromanen* in den Bergen *Graubündens*, deren sonderbares Idiom die offizielle Schweiz mit vielen Mitteln vor dem Aussterben bewahren will; schliesslich das zugewandte Fürstentum Liechtenstein, das sich der Schweizer Währung und des Schweizer Militärschutzes (soweit existent) bedient und gleichzeitig als Steuerparadies im Steuerparadies manchen Batzen vor den Schweizer Steuerämtern verstecken hilft. (Im Fürstentum Liechtenstein übersteigt die Anzahl der angemeldeten Firmen die der Einwohner beträchtlich.)

Wo so viel Verschiedenes Platz haben soll, wird's eng. Zwei Drittel des Territoriums sind zudem nicht bewohnbar. Kein Wunder, dass in der Schweiz das Minigolf erfunden wurde. Hier ist das meiste im Taschenformat gehalten. Selbst die Zeitungen sind kleiner (und daher praktischer zu handhaben) als im übrigen Europa. Kaum ein Land dieser Welt steht ohne sprachlich-kulturelle Minderheit da – die Schweiz ist ein Land der Minderheiten. In der Schweiz empfindet sich jede Sprachregion als Minderheit. Die Deutschschweizer blicken nach Deutschland, das Tessin nach Italien, die Romandie nach Frankreich und die Rätoromanen auf sich selber.

Die Stabilität des Vielvölkerstaates mussten die Schweizer über Jahrhunderte hinweg erdulden, kaum erleiden. Kompromiss war und ist das Zauberwort, dessen Magie vor allem Politiker erliegen. Ihnen darf man nachsagen, dass sie bereits den Kompromiss suchen, bevor die Standpunkte, die zu einer Auseinandersetzung führen könnten, dargelegt sind. Ein chinesischer Philosoph pflanzt vielleicht am Tag vor dem angekündigten Weltuntergang noch einen Baum. Ein Schweizer Politiker würde an diesem letzten Tag eine Kommission ins Leben rufen. Eine derart wichtige Sache ohne *Vernehmlassungsverfahren* (Aufforderung der Kantone und Interessenverbände zur Stellungnahme zu einem eidgenössischen Gesetzesentwurf), *Fristenerstreckung* (Fristverlängerung) und Volksabstimmung? Überall, aber nicht in der Schweiz! Und überhaupt: Wenn die Welt untergeht, heisst das noch lange nicht, dass das die Schweiz einschliesst. Selbst Albert Einstein sagte auf die Frage, wo er sich bei einem Weltuntergang befinden möchte: »In der Schweiz. – Dort geschieht alles etwas später.«

Streitereien, wie sie im Deutschen Bundestag stattfinden, sind den Schweizern im eigenen Land zutiefst zuwider. Als Fernsehshow jedoch geniessen sie deutsche Bundestagsdebatten als eine Art Politkabarett. Andernfalls fürchtet die Schweiz Konflikte wie der Teufel das Weihwasser. Kein Grund darum auch, Aussenpolitik zu betreiben – und das seit Jahrzehnten, wenn nicht Jahrhunderten: Die weltweit anerkannte Neutralitätspolitik ist lediglich die festgeschriebene Abneigung, Zeuge oder gar Teilnehmer von Streit zu sein. Deshalb lehnte das Schweizer Volk 1986 in einer Abstimmung auch den Beitritt zur UNO ab. Nach dem Beitritt Liechtensteins vier

Jahre später – kommentierte eine giftige Feder, jetzt fehlten in der UNO nur noch zwei ernst zu nehmende Staaten: San Marino und Monaco. Die Schweiz hat es nun doch geschafft: In einer ganz knapp ausgegangenen Abstimmung entschieden sich die Stimmbürger für ein Beitrittsgesuch an die UNO. Dem wurde stattgegeben: Am 10. September 2002 ist die Schweiz als 190. Mitglied in die UNO aufgenommen worden. Kein anderes Land – lobte der erleichterte UNO-Generalsekretär – habe den Beitritt per Volksabstimmung vollzogen. Ein Trost für die Unterlegenen also, man blieb wenigstens eine Ausnahme.

Dennoch haben die Schweizer das Gefühl, ihr Land habe den Idealzustand erreicht. Jede Veränderung kann mithin nichts anderes als eine Verschlechterung bringen. Alles scheint in einem so subtilen Gleichgewicht organisiert, dass das Ländchen einem hingeworfenen Mikado gleicht. Wer auch nur ein Gesetzchen verändern möchte, muss auf das Behutsamste vorgehen, damit sich ja nicht etwas anderes bewegt, etwas Grösseres in Bewegung kommen könnte. Vieles am ausgeklügelten System der Ausgewogenheit zermürbt manchen, der gern etwas in Bewegung brächte. In der Schweiz existieren so viele Schulsysteme wie Kantone, werden von Gemeinde zu Gemeinde massiv unterschiedlich hohe Steuern bezahlt, sollten nie zwei *Bundesräte* (Minister) zugleich aus demselben Kanton kommen, werden die parlamentarischen Kommissionen schön paritätisch zusammengesetzt. Das ist die Kehrseite der friedlichen Alpenrepublik: die von Kompromissen und föderalistischen Eigenständigkeiten gelähmte Schweiz. So wird beispielsweise an der Koordination der Schulsysteme seit etwa 30 Jahren gebastelt. 1987 konnte man sich immerhin auf einen einheitlichen Schulanfang im Spätsommer einigen. Und seit 2007 ist ein neuer Anlauf zur Vereinheitlichung im Gange: Das HarmoS-Konkordat (interkantonale Vereinbarung über die Harmonisierung der obligatorischen Schule) konnte per 1. August 2009 in Kraft treten, da die Mindestanzahl von zehn beitrittswilligen Kantonen erreicht wurde. Aber auch gegen diese Reform, die Mindeststandards in der Bildung festschrieb, ist harte Opposition erwachsen. Weinende Kleinkinder auf Plakatwänden sorgten für die passende Stimmungsmache. Die Überarbeitung der Verfassung wurde nach einer ähnlichen Zeitspanne 1977 ergebnislos eingestellt, da man sich auf keinen Nenner einigen konnte. Eigentlich schade, denn schon die Präambel des Schriftstellers Adolf Muschg klang – nach der nicht wegzudenkenden martialischen Einleitung – erfrischend unschweizerisch: »Im Namen Gottes des Allmächtigen! Im Willen, den Bund der Eidgenossen zu erneuern; gewiss, dass frei nur bleibt, wer seine Freiheit gebraucht, und dass die Stärke des Volkes sich misst am Wohl der Schwachen; eingedenk der Grenzen aller staatlichen Macht und der Pflicht, mitzuwirken am Frieden der Welt, haben Volk und Kantone der Schweiz die folgende Verfassung beschlossen.« Dazu kam's eben nicht mehr. 1995 wurde eine noch behutsamere Revision der Verfassung angekündigt. Erste Versuche wurden in Angriff genommen und 1999 ganz knapp per Volksabstimmung in Kraft gesetzt.

Erstaunlich also, dass das Stimmrecht für Frauen schon 1971 nach der dritten Volksabstimmung eingeführt wurde – auf Bundesebene. Kantone und Gemeinden durften selbstverständlich ihr Sonderzüglein fahren. Erst 1991 war es schliesslich auch in Appenzell-Innerrhoden soweit. Allerdings gaben die wehrhaften Appenzeller

Männer ihr Privileg nicht freiwillig auf. Noch ein knappes Jahr zuvor sprachen sie sich in einer *Landsgemeinde* (öffentliche Abstimmung durch Handaufheben im sogenannten *Ring*) dagegen aus. Das *Bundesgericht* zwang die Wackeren, die Frauen in den Ring zu lassen. Und man staunte, dass die Richterinnen und Richter dem Gesetz der Gleichheit von Mann und Frau mehr Gewicht gaben als der Kantonshoheit.

1991 versuchten die Schweizer, eine 700-Jahr-Feier durchzuziehen. 700 Jahre Eidgenossenschaft? Eigentlich nicht schlecht. Vielleicht rührt die Inselmentalität der Schweizer daher, dass sie sich auf die Eidgenossen berufen, die ihren heiligen Schwur leisteten, als die Erde noch eine Scheibe war.

Davor gründeten die Römer verschiedene Städte, die – wie beispielsweise Zürich – bereits 2000-jähriges Bestehen feierten. Wer auf den Spuren jahrtausendealter Geschichte wandeln will, kann dies in der Schweiz tun.

Wie entstand die Schweiz? Wie so oft war Weltoffenheit, dem Volk in homöopathischen Dosen verabreicht, der Anlass für Unzufriedenheit und Selbstbewusstsein, Grund genug für einen kleinen Aufstand. Oder war's doch der Teufel?

Welch schwer überwindbares Hindernis die Alpen einst gewesen sein müssen, lässt sich heute mit all den wintersicheren Tunneln kaum mehr nachvollziehen. Uri war bis Mitte des 19. Jahrhunderts nur per Schiff über den Vierwaldstättersee zu erreichen, südlich abgeschirmt durch die unüberwindlichen Alpen. »Mutter, gibt's jenseits der Berge auch Menschen?«, hat der Legende nach einmal ein aufgeweckter Knirps gefragt. »Kind, wir wollen nicht grübeln«, lautete die Antwort.

Wer die kleine *Teufelsbrücke* über die Reuss in Uri in der Nähe des Gotthardtunnels entdeckt, steht vor einem Schlüsselbau der Schweiz. Mit ihr wurde etwa 1230 die Nord-Süd-Verbindung hergestellt. Der Teufel soll sie gebaut haben, unter der Bedingung, die Seele des Ersten zu bekommen, der darüber geht. Die pfiffigen Urner schlugen dem Leibhaftigen ein Schnippchen und jagten einen Ziegenbock hinüber. Über den lausigen Trick der Bergler erbost (zugegeben: auch des Legendenschreibers, denn hatten Ziegenböcke noch vor den Frauen eine Seele?), griff sich der Teufel einen riesigen Felsbrocken, um die Brücke auf dem Weg zum Gotthardpass zu zerstören. Er verfehlte sein Ziel. Als 1980 der Autobahntunnel durchs Gotthardmassiv gebaut wurde, stand ebendieser Teufelsstein im Weg. Ein Zeichen? Man sprengte ihn nicht. Er wurde mit grosser Mühe aus dem Weg geschoben und steht wie ein Mahnmal neben der Einfahrt zum 17 Kilometer langen Strassentunnel. Mittlerweile sind die Urner nicht mehr so sicher, ob es tatsächlich ein Segen war, den Teufel übers Ohr gehauen und den Fels aus dem Weg geräumt zu haben – angesichts der an Wochenenden bis zu dreissig Kilometer langen Staus vor dem Tunnel und des verheerenden Brandes im Oktober 2001 darin. So sind die Urner heute die entschiedenen Gegner einer zweiten Tunnelröhre, weil sie befürchten, dass damit nur noch mehr Verkehr angelockt würde.

Dabei sollten sie auf den Alpenschutzartikel zählen können – denkt man. Dieser verbietet den Ausbau der Transitstrassen durch die Alpen. Trotzdem hat das Parlament im Herbst 2014 den Bau einer zweiten Röhre beschlossen, um danach die erste sanieren zu können. Später sollen die beiden zweispurigen Tunnel je nur einspurig befahren werden dürfen. Wer könnte so etwas verstehen, wenn er in einem zweispurigen 10-Kilometer-Stau vor dem Tunnel steht? Definitiv ist der Parlamentsentscheid aber noch nicht. Der *Verein Nein zur 2. Gotthardröhre* hat bereits das Referendum ergriffen.

Sei's drum. Der Gotthardpass bescherte Uri nicht nur Handelsverkehr und damit bescheidenen Reichtum, sondern auch wichtige Kontakte nach aussen. Denn über den Gotthard reisten die deutschen Könige zu ihrer Kaiserkrönung nach Rom. 1291 – diese Jahreszahl ist verbrieft – erneuerten die Urkantone Uri, Schwyz und Unterwalden ein gegenseitiges *Schutz- und Trutzbündnis*, eines unter vielen zwar, aber dank Siegelbrief (dem sagenumwobenen Bundesbrief) noch beweisbar. Mit diesem Papier unterstellten sich die Innerschweizer direkt dem deutschen Kaiser. Sie schalteten damit die geldgierigen Sachverwalter, sprich Vögte, aus und erhielten eigene Richter. Den ganzen *Tell*-Rest verdankt die Schweiz einem Deutschen (Schiller). Der schillersche Tell-Mythos ist über die Jahrhunderte dermassen ins Bewusstsein der Schweizer eingesickert, dass viele tatsächlich daran glauben. Was weiter nicht verwundert, denn die Story ist gut. Den Hut von Vogt Gessler habe er nicht grüssen wollen und dafür büssen sollen. Der Apfelschuss ist historisch nicht so wichtig, obwohl ein dramatisch wirksamer Bühnengag. Wichtiger ist, dass Tell auf andere Weise zum fragwürdigen Vorbild für alle Kategorien Menschen werden konnte: sein Meuchelmord an Gessler, in der *Hohlen Gasse* von hinten. Ein Terrorist. Keine Frage. Der Anarchist Bakunin sah in Tell den »Helden des politischen Mordes«, und alle irgendwie Frustrierten wüssten genau, wen Tell heute erschiessen würde. Er hätte mordsmässig viel zu tun. Für die einen wäre er gegen die UNO, für die anderen würde er den *Atomvogt* bekämpfen, für die Gruppe *Pro Tell* steht er für das Recht ein, möglichst nach eigenem Gutdünken Waffen besitzen und tragen zu dürfen. Damit nicht genug: Tell wirbt für alles, von Apfelsaft über Bier bis zu Zifferblättern, und wer auf seinem Produkt nicht Platz für einen ganzen Tell findet, der setzt wenigstens die Armbrust drauf, um Schweizer Qualität anzudeuten. »Jede Chlupp-Fingernagelschere ein Volltreffer!«

Ob's Tell wirklich gegeben hat, darüber streiten sich immer weniger Gelehrte, aber dass er Gessler erschossen hat, das steht irgendwie fest. Denn den Vögten scheinen tatsächlich die Posten in der Innerschweiz ein bisschen zu heiss geworden zu sein, man überliess die sturen Böcke in den Tälern weitgehend sich selbst, obwohl das Gebiet selbstverständlich noch zum Reich gehörte. Ganz reibungslos lief das nicht ab. In teilweise blutigen Schlachten (Morgarten 1315, Laupen 1339, Sempach 1386, Näfels 1388) schlugen die hemdsärmeligen Fussvölkler hochgerüstete Ritterheere aus Österreich dank Heldenmut – versteht sich! – und einer neuartigen Waffe, die sich offenbar fürs Knacken von Rüstungen eignete: der *Hellebarde*.

Über die Jahrzehnte stiessen zum lockeren Staatenbündnis in der Innerschweiz die Kantone Luzern, Zürich, Zug, Glarus und Bern dazu, womit die Mehrsprachigkeit eingeleitet wurde. Denn 1419 fühlte sich der Bund stark genug für Expansionspolitik: Der Gotthardpass wollte auf beiden Seiten gesichert sein. Dem hatte sich Bellinzona, also das Tessin, zu beugen, und es bereicherte die Urschweiz um ein wichtiges Stück

Sprach-, Kultur- und Klimavielfalt. Das braucht man den Deutschen kaum näher zu erklären, denn das Tessin hat nördlich des Rheins einen erstklassigen Ruf. (Über die Deutschen im Tessin wird noch ein Satz zu verlieren sein.) Wenig später eroberte Bern das Waadtland, was die damalige Schweiz bereits dreisprachig machte.

Abgesehen davon hatten die Schweizer in dieser Zeit im Innern genug damit zu tun, niemandem zuviel Macht zu überlassen – beispielsweise die Partnerschaft zwischen Stadt und Land zu organisieren –, das Auseinanderbrechen des Bundes zu verhindern und die errungenen Privilegien wie Vogt-Freiheit nach aussen zu verteidigen; etwa 1498/99 in den *Schwabenkriegen*, die in deutschen Geschichtsbüchern unter *Schweizerkriege* laufen. Damals nannten die schwäbischen Fürsten die Eidgenossen abschätzig *Kuhschweizer*. Das vor allem, weil sich die Schwyzer als die rauesten unter den Eidgenossen hervorgetan hatten. Auch da fanden die Eidgenossen schnell einen Kompromiss und übernahmen die neue Bezeichnung mit geringen Korrekturen. Als Revanche gelten bis heute alle Deutschen abschätzig als *Schwaben*. Die Schwabenkriege waren offenbar beste Werbung für die Eidgenossenschaft: Basel und Schaffhausen baten um Aufnahme in den Bund. Stattgegeben.

Das Tessin im Süden, Berge mit ewigen Schnee in der Mitte, beträchtliche Ebenen, den schiffbaren Rhein und eine Handvoll nennenswerter Städte – die Schweiz hatte bald, was für ein Ländchen notwendig war. Kein Palast, eher ein Vierzimmerreihenhäuschen mit Gärtchen und Radieschen. Die Postkartenschweiz, die es bis heute gibt, war weitgehend beieinander. Regionalismus hatte sich gegenüber Zentralismus klar durchgesetzt. (Buchtipp: *Schweiz* von Marcel Schwanden.)

In Ruhe gelassen von den Nachbarn – auch deshalb, weil die Eidgenossen als Söldner für jeden kämpften, der bezahlen konnte: Manchmal standen sich auf europäischen Schlachtfeldern Armeen gegenüber, die vorwiegend aus Schweizer Söldnern bestanden –, hielt sich der Expansionsdrang der Schweiz in engen Grenzen, und als 1515 in Marignano eine Schlacht verlorenging, war Schluss mit Eroberung. Neutralität ist seither proklamiertes Prinzip.

Den Dreissigjährigen Krieg benutzte die Schweiz als Schulung im Stillehalten, im Tolerieren von Sowohl-als-auch-Meinungen und im Aufnehmen von Flüchtlingen verschiedenster Herkunft. Die Eidgenossenschaft profitierte von deren Ideenvielfalt und Erfindergeist, was sich beispielsweise in der neuen Uhrenindustrie niederschlug.

Das Stillehalten lohnte sich auch politisch. Ab 1648 unterstand die Schweiz nicht mehr dem römisch-deutschen Reich. Die Schweiz im Belagerungszustand: Das sollte sich zum *running gag* über die Jahrhunderte entwickeln und schliesslich im Dauerzustand erstarren, ganz egal, ob rundherum ein Krieg tobte oder nicht.

Ab dem 16. Jahrhundert expandierte die Schweiz im Tourismussektor. Allen voran entdeckten und lobten die Engländer das »gesunde helle Urteil der Männer und das freie schlichte Benehmen der Frauen«. Bald griff die Begeisterung auf Deutschland über. Einfach putzig, dieses Land der Freiheit, des einfachen Lebens, der Naturverbundenheit und des Kuriosums der Demokratie. So etwas wie eine Landsgemeinde war schlicht hinreissend. Standen doch dabei (fast) gewöhnliche Bauern, Handwerker und Bürger (etwas besitzen musste man schon) dicht gedrängt im Ring, hoben die Hand zu Ja und Nein, hatten also etwas zu bestimmen und waren nicht nur Empfänger von Verordnungen und Gesetzen; ausserdem hatten sie weit weniger Steuern zu bezahlen als die Untertanen im übrigen Reich. Denn ein eigenständiger Staat war die Schweiz noch immer nicht.

Nach Napoleons Niederlagen – er hatte zwischendurch rasch die Schweiz besetzt, teilweise neu organisieren lassen und vor allem die Untertanenverhältnisse abgeschafft – kamen 1815 mehr oder weniger freiwillig weite Teile der Romandie zur Schweiz, unter anderem die Stadt Genf. Seither haben sich die eidgenössischen Landesgrenzen nicht mehr verändert. Den Beitritt des Vorarlbergs verhinderten die Appenzeller, die mit ihren Nachbarn in Fehde standen. Streit importiert man nun mal nicht.

1848 vollzog sich die bürgerliche Revolution, und weil die Zeit drängte, wurden aus der Französischen Revolution das liberale Gedankengut und aus der amerikanischen Verfassung die Idee des Zweikammersystems im Parlament übernommen und mit der föderalistischen Struktur verschränkt. Alles im Kleinformat. Die Schweiz wandelte sich vom alten Staatenbund zum Bundesstaat. Das war eine bürgerliche Revolution, die sich in den meisten Ländern Europas ebenfalls abspielte, allerdings mit weniger Erfolg. Der Adel schlug zurück, womit 1870 die Schweiz europaweit die einzige Demokratie blieb. Ab 1848 war es auch verboten, in fremden Diensten zu kämpfen – mit Ausnahme für den Lieben Gott, also als Schweizergardist im Dienste des Papstes.

Zur Entstehung der Eidgenossenschaft sagte der Schweizer Historiker Edgar Bonjour: »Eine der eigenartigsten und rätselhaftesten Entwicklungen nicht nur der heimatlichen, sondern der allgemeinen Geschichte überhaupt.« Und: »Während andere Völker ihre Vergangenheit als belastend empfinden, sich selbst als unselige Enkel, ist uns das gütige Geschick zuteil geworden, von den Taten unserer Altvorderen Trost und Wegweisung empfangen zu dürfen.«

Übrigens ist seit 1848 Bern *Bundesstadt* (nicht Hauptstadt), und zwar weil es zentraler liegt als Zürich und der Machtanspruch der grössten Schweizer Stadt nicht zusätzlich Auftrieb bekommen sollte. Doch Bern stach nicht nur Zürich aus, sondern auch Luzern und Lausanne. Als Trostpflaster erhielt Zürich das Landesmuseum, Lausanne das Bundesgericht und Luzern das Versicherungsgericht. So hat mittlerweile jede grössere Schweizer Stadt etwas, worauf sie stolz sein kann: Bern ist Regierungssitz, Genf europäischer UNO-Sitz, Basel ist das Tor zu Europa (mit intensiven Kontakten zu Baden-Württemberg und zum Elsass und einer gewissen Affinität zur Romandie), und Zürich ist sowieso die Grösste (Stadt). (Das, und das ihnen nachgesagte breitspurige Auftreten der Zürcher, macht sie in der übrigen Schweiz eher unbeliebt. Immer wieder wird zudem die »Zürichlastigkeit« der Medien beklagt. Uns dürften für dieses Buch ähnliche Vorwürfe treffen. Berechtigterweise, denn wir leben in Zürich und versuchen nicht, das zu verschleiern.)

Im 20. Jahrhundert perfektionierte die Schweiz die Taktik, sich überall herauszuhalten und doch dabei zu sein. Aber stets darauf bedacht, dass man im Zweifelsfalle nicht zur Rechenschaft gezogen werden konnte. Von den beiden Weltkriegen, die die Schweiz nun wirklich nicht angezettelt hatte, profitierte die Wirtschaft beträchtlich – obwohl vor allem der Erste Weltkrieg grosse soziale Probleme brachte, die sich 1918 im *Generalstreik* Luft machten. Neutralität heisst ja, entweder mit keinem Geschäfte machen oder mit beiden. Die zweite Lösung schien schon damals die bessere.

Die Schweiz beherbergte schon einen Teil der UNO in Genf, lange bevor sie selber Mitglied war. Im *Internationalen Komitee des Roten Kreuzes* ist sie federführend und hielt sich nicht an die Wirtschaftsboykotte gegen Südafrika, Chile, UdSSR oder Kuba, vertrat Kuba diplomatisch in den USA (und umgekehrt). Die Erfahrung lehrte: Wenn man verschiedenen Staaten einen Gefallen tut, zahlt sich das irgendwann aus. Die freundschaftlichen Beziehungen machten die Schweiz zu Europas wichtigstem Importeur von Havanna-Zigarren (Davidoff, der mittlerweile allerdings auf die Dominikanische Republik setzt), und jene zu Südafrika erwiesen sich als Goldgrube: Zürich ist nach New York der wichtigste Goldumschlagplatz. Luzern ist die Diamantenmetropole und Zug nach London, New York und Tokio der viertwichtigste Erdölhandelsplatz. Grundsätzlich herrscht hier die Meinung zu »nicht eingehaltenen Boykotten«, dass die Schweizer schliesslich nur tun, was andere auch gern täten, wenn sie könnten oder schlau genug wären. Das gilt auch für Steuerhinterziehung. Davon wird später noch die Rede sein. Doch nach dem »Nazigold« scheint die Schweiz auch die Vergangenheit des »Apartheid-Golds« einzuholen. Das Bild der »sauberen« Schweiz ist auf jeden Fall Vergangenheit. Seit Mitte des 19. Jahrhunderts durchlief die Schweiz die Entwicklung vom rohstoffarmen Landwirtschaftsland über die Industrienation zum perfektionierten Dienstleistungsbetrieb, dessen Funktionieren nicht durch soziale Spannungen gefährdet werden durfte.

Wie sich die Schweiz diese Position erkämpfen konnte, wurde überraschenderweise erst kurz vor der Jahrtausendwende zum Thema, dafür gleich weltweit. Unter dem Diktat des vermeintlich verlässlichen Freundes USA musste sich die Schweiz Vorwürfe zu ihrem Verhalten während des Zweiten Weltkriegs gefallen lassen. Vor allem weil die Schweizer – wie üblich – zuerst alles bestritten, was die moralische Integrität ihrer Politiker, Bankiers und Wirtschaftskapitäne in jener *struben* Zeit infrage stellte, traten unter wachsendem Druck unerfreuliche Tatsachen zutage. Die Schweiz – zugegebenermassen umschlossen von kriegsführenden Ländern – trieb nicht nur der Not gehorchend regen Handel mit Deutschland und Italien. Verschiedene Firmen ergriffen schon vor dem Krieg die Gelegenheit, günstig nach Deutschland zu expandieren. Juden, die zum Verkauf ihrer Geschäfte gezwungen wurden, verkauften oft an Schweizer. Damit nicht genug. Nachweisbar floss ein Teil des von den Nazis geraubten Goldes durch die Schweiz in den Weltmarkt, und Juden, deren Angehörige in KZs ums Leben gekommen waren, konnten nach dem Krieg häufig auch unter Aufbietung aller rechtlichen Mittel nicht mehr auf die vorsorglich eingerichteten Konten ihrer Toten zurückgreifen. Die Haltung der Schweiz im Zweiten Weltkrieg wurde 2001 im sehr aufwendigen Historikerbericht der *Bergier-Kommission* aufgearbeitet. Eine Kommission, die allerdings erst unter Druck von US-amerikanischen Politikern, Anwälten und Organisationen ins Leben gerufen wurde.

Davon, dass also auch die Schweiz nicht eine ganz so reine Weste hat, sprechen Sie lieber nicht zu Beginn. Staunen Sie lieber über die völlige Absenz von Arbeitskonflikten: Denn 1937 hatten die rauen Klassenkampfsitten ein Ende. Im *Friedensabkommen* verpflichteten sich Arbeitgeber und Gewerkschaften, bei Meinungsverschiedenheiten auf Kampfmassnahmen wie Streiks oder Aussperrung zu verzichten. Ein unabhängiges Schiedsgericht sollte verhärtete Fronten aufweichen. Das hat sich ausgezahlt: Zwischen 1955 und 1985 kam die Schweiz durchschnittlich auf zwei Streiktage pro 1000 Beschäftigte (BRD 30, Frankreich 137, Italien 706).

Eine Überraschung bedeutete es daher für die Generation, die sich in den vierziger bis sechziger Jahren einen ansehnlichen Wohlstand erschuftet hatte, als 1980 in Zürich Jugendunruhen *(die Bewegung)* losbrachen, die – irritierenderweise – einmal nicht aus Paris oder Berlin importiert worden waren wie etwa 1968. Über Monate, ja Jahre zog sich an Wochenenden in Zürichs Gassen ein Räuber-und-Gendarm-Spiel zwischen Polizisten und Demonstranten hin und verwirrte die Behörden. Denn die Jungen hatten kein Programm, organisierten sich nicht in Parteien. Im Allgemeinen störte sie das Stinkreiche, Eiskalte, Selbstgefällige und Duckmäuserische an der grössten Schweizer Stadt. Folglich richtete sich die Wut gegen Schaufensterscheiben und deren glitzernde Auslagen. Die Sachbeschädigungen entsetzten die Behörden und die *Neue Zürcher Zeitung*. Der Zürcher *Tages-Anzeiger* musste sich einen Anzeigenboykott gefallen lassen, weil die Journalisten schrieben, was sie sahen. Und das schmeichelte der Polizei nicht immer: Zwölf Jugendliche verloren je ein Auge durch Gummigeschosse. (Filmtipp: *Dani, Michi, Renato und Max* von Richard Dindo.)

Und doch ist es nicht zynisch zu behaupten, es sei auch eine lustige Zeit gewesen. Die in der *Bewegungs*-Zeitung *Eisbrecher* (später *Brecheisen*) angekündigten wochenendlichen Demos waren häufig witzig. Durch die Bahnhofstrasse ziehend, sahen die Demonstranten das entsetzte Personal von Bijouterien und Boutiquen, wie es mit nervösen Händen Gitter oder improvisierte Holzverschalungen vor die Scheiben montierte. »Schneller, schneller«, skandierten die Demonstranten und zu den shoppenden Passanten, »*chaufe, chaufe*« (kaufen, kaufen). Die Nacktdemo ist ebenso legendär geworden wie die Teilnahme von *Herrn und Frau Müller* an einer TV-Diskussion, wo sich die beiden *Bewegten* so lange für grössere Gummigeschosse, giftigeres Tränengas und härtere Polizeieinsätze stark machten, bis die Politiker schäumend das Studio verlassen wollten. Seither ist *müllern* (das Gegenteil von dem sagen, was man meint) zum festen Begriff geworden. (Was auch zeigt, wie ungewöhnlich in der Schweiz Ironie ist.)

Bei der Bekämpfung der Zürcher Bewegung bewährten sich einmal mehr die alten Mittel: hinhalten, warten, die Zuständigkeit bestreiten, behaupten, es sei etwas in Vorbereitung, bis die inneren Streitigkeiten des Gegners so gross sind, dass die Einigkeit bald zerbröselt. Dann kehrt wieder Ruhe ein, und alles ist in Ordnung – bereit für eine arbeitsame Bevölkerung und nette Touristen.

Der harte Kampf ums Mittelmass –
Der Schweizer an sich

Die Durchschnittsschweizerin ist 165 Zentimeter gross, 62,7 Kilogramm schwer, der Mann 13 Zentimeter grösser und 76,7 Kilogramm schwer. Jeder Zweite duscht täglich. Der Schweizer stirbt mit 79,4 Jahren, die Schweizerin mit 84,2 Jahren. Vorher bringt sie 1,51 Kinder zur Welt, was bekanntlich auf die Dauer zur Erhaltung des Artbestandes nicht ausreicht. Der Schweizer ist zu 38 Prozent katholisch, zu 26 Prozent protestantisch, zu 5 Prozent islamisch und zu 22 Prozent konfessionslos. In drei von vier Jahren macht der Schweizer ausgiebig Ferien, was die Schweizer zu einem der reisefreudigsten Völker der Welt macht. »Kunststück, wir haben auch das beste Ausland.« Solche Sprüche sind unüblich und verpönt, und selten, denn die Schweizer sind – wie angedeutet – nicht besonders zynisch oder sprachlich schlagfertig.

Aber sie sagen nicht häufiger Ja, wenn sie Nein meinen, als die Deutschen, sind insgesamt vielleicht ein bisschen bockiger und verschlossen abwartend – vor allem in Begegnung mit Deutschen. Und wenn Ihnen die Schweizer »noch ganz sympathisch« sind, sind den Schweizern die Deutschen eigentlich »gar nicht so sympathisch«. Denn sie hegen gegenüber jenen tiefsitzende Minderwertigkeitskomplexe. Sie fühlen sich von den Deutschen nicht so recht ernst genommen. Dass die hier alles so »niedlich und süss« finden, selbst die omnipräsenten Diminutive, das freut den Schweizer nicht.

Kommt in einem deutschen Film ein Schweizer vor, ist er meist halb debil und ein bisschen ungehobelt, ungeschickt, ein *Aborigine*. Dafür treu und verlässlich. Vielleicht meinen auch deswegen viele Deutsche, ihr Geld sei in der Schweiz vor Scharlatanen sicher.

So einfach ist das natürlich nicht. Der Solothurner Schriftsteller und Sozialdemokrat Peter Bichsel schrieb, dass die Schweiz in Deutschland ein Spiessertraum sei, dass die Schweizer aus falscher Liebe nicht ernst genommen würden. Und weil's so praktisch sei, hätten die Schweizer die Sichtweise der Deutschen übernommen und spielten diese Rolle weiter, um davon zu profitieren. Wenn nötig, spielt der Bankier also die bäurisch zuverlässige Kontaktperson: die Schweizer, die am nächsten lebenden Exoten. Zunächst einmal sollten Sie der Tatsache unerschrocken ins Auge blicken, dass Sie die Schweizer mögen, aber nicht umgekehrt.

Der Schweizer mag den Deutschen nicht. Der Schweizer liebt am Franzosen die lockere Lebensart, am Italiener die temperamentvolle Spontaneität – und hasst am Deutschen vor allem sich selbst. Hier muss man präzisieren: Der Deutschschweizer tut das. Nicht, dass die Tessiner die Deutschen liebten, ebenso wenig aber mögen sie die Deutschschweizer Mercedesfahrer. Hingegen ist das Verhältnis der Deutschschweizer zu den Deutschen ein spezifisch deutsch-deutsches (wie es früher hiess), nämlich ein gespanntes. Wir sagten, es sei der Selbsthass, der den Schweizern die Beziehung zu den Deutschen vergällt. Und es ist der Neid. Beides zusammen gibt eine unangenehme Mischung.

Die Deutschen sprechen viel gewandter. Die Schweizer fühlen sich demgegenüber dumm und unbeholfen. Aber was die Deutschen so schnell und flüssig daherreden, ist ja vor allem arrogantes Geschwätz. Die Schweizer hassen die langweilige Stabilität ihres Landes und hassen ihren Reichtum, und darum sind die Deutschen die unangenehmen Protzer, die einem armen, aber stolzen Volk von Bergbauern immer dreinreden müssen.

Die Vorurteile gegen die Deutschen sind – um es in Anlehnung an Karl Kraus zu sagen – gerade so richtig, dass auch das Gegenteil nicht falsch wäre. Das Gleiche gilt für die Selbstwahrnehmung der Schweizer. Und weil beides zusammenhängt, ergibt das ein Gemenge an Schiefheiten, das schier unkorrigierbar ist. Versuchen Sie einem netten Schweizer, den Sie mögen, zu erklären, Sie schätzten seine Weltgewandtheit (immerhin spricht er Italienisch und Französisch leidlich fliessend und kannte Florenz und die Toskana schon wie seine Westentasche, lange bevor der deutsche akademische Mittelbau überhaupt wusste, wo das liegt), Sie werden auf energischen Widerspruch stossen. Der Schweizer verachtet zwar die Deutschen, die zum *Chianti* Schianti sagen, aber darauf, dass er es besser weiss, kann er nicht stolz sein, weil er sich insgeheim noch viel tolpatschiger fühlt. Das Gefühl werden Sie ihm kaum nehmen können; es ist mehr als ein liebgewordener Besitz, es ist ein Stück seiner Identität. Versuchen Sie dennoch immer wieder, ihn vom Gegenteil zu überzeugen. Vielleicht ist es ja wie bei den Medikamenten: Viel hilft viel, und unter Umständen schlägt die Medizin der Komplimente in den nächsten hundert Jahren beim einen oder anderen doch mal an. Halten wir eines ein für alle Male fest: Natürlich ist die Schweiz provinziell; um vieles provinzieller noch sind zahlreiche Vorurteile über die Provinzialität der Schweiz.

Die reflexartige Abneigung lässt sich sicher überwinden und abbauen, aber bei Schweizern gilt, was hierzulande bei polizeilichen Vermisstenanzeigen oft angefügt wird: »Um schonendes Anhalten wird gebeten.« Schweizer sind im Grunde freundliche Menschen, wenn man sie nur lässt. Wie die Deutschen.

Sooo zurückhaltend mögen Ihnen die Schweizer auf Anhieb gar nicht scheinen. Es dürfte Ihnen schnell auffallen, wie häufig Sie gegrüsst und mit guten Wünschen überhäuft werden. Sie setzen sich an einen Tisch in einem Restaurant, und Ihnen ist nicht nur ein *Grüezi* der bereits anwesenden Gäste sicher. Dampft dann ein Teller Spaghetti vor Ihnen, kommt das unvermeidliche *en Guete* (guten Appetit), und wenn Sie gehen, begleitet Sie ein *adieu, en schööne* (einen schönen ... Abend oder so) oder *e schööns Tägli* bis zur Tür. In kleinen Geschäften ist solche Freundlichkeit selbstverständlich, in ländlichen Gebieten gar auf der Strasse anzutreffen. In grösseren Städten hat die Dame an der Kasse im Supermarkt für Sie ein Grüezi und ein Danke übrig, ungeachtet dessen, dass Sie der 400. Kunde am Tag kurz vor Ladenschluss sind.

Wenn Sie sich zu einer Wanderschaft entschliessen und dabei Gegenden durchmessen, deren Schönheit andere vor Ihnen entdeckt haben, erwischen Sie vielleicht einen *Grüezi-Weg*, das heisst, Sie begegnen so vielen anderen Wanderern, dass Sie vor lauter *Grüezi*-Sagen die Landschaft nicht mehr geniessen können.

Diese Freundlichkeit auf den ersten Blick darf Sie aber nicht darüber hinwegtäuschen, dass die Schweizer ziemlich reserviert bleiben, misstrauisch sind und bei möglichen Kontakten erst einmal abwarten. Bei einer gemeinsamen Liftfahrt mit einem Unbekannten überrascht er Sie mit einem *Grüezi* und dann nochmals damit, dass es dabei bleibt. Im Zug setzen sie sich mit Vorliebe in leere Abteile, und wenn sie sich zu anderen setzen müssen, überlassen sie es meist jenen, ein Gespräch zu beginnen. So warten sie von Zürich bis Genf auf ein Wort des Gegenübers, das die langweilige Reise ein wenig verkürzen könnte, steigen schliesslich in Genf aus und bestätigen sich dann selbst, dass sie so kontaktscheu seien. Oder sie rücken ein Inserat wie dieses in die Zeitung: »Du hast im Zug (Zürich-Genf, 11. 11., Zürich ab 11.07) die *Weltwoche* gelesen. Ich (mit Brille und feuchten Händen) bin in Bern leider ausgestiegen, ohne Dich anzusprechen. Tust Du's?« Schweizer kommen auch mit Schweizern nur schwer ins Gespräch. Grundlos einen Fremden anlächeln geht nicht. In Tram, Zug und auf dem Trottoir kann man zwischen Stör-mich-nicht- und Lass-mich-bloss-in-Ruhe-Gesichtern unterscheiden. Wenn Sie als Mann grundlos eine Dame ansprechen, werden Sie zuerst beweisen müssen, dass Sie nichts Unanständiges im Sinn haben.

Es ist stets an Ihnen, den ersten (zweiten und dritten)

Schritt zu wagen, trotz – oder gerade wegen – Ihres Handicaps, beeindruckend fliessend die deutsche Sprache zu sprechen.

Des Schweizers Zurückhaltung gegenüber Deutschen ist historisch – über Jahrhunderte – gewachsen. Despektierlich nennen Schweizer Deutschland dann und wann den *Grossen Kanton*, um die ausgesprochenen Komplexe ein wenig zu kaschieren. Zu echter Rivalität mit Deutschland im wirtschaftlichen und politischen Bereich kann es aber nicht kommen, darum wird sie in ein paar wenigen Disziplinen auf die sportliche Ebene verlagert. Ausgerechnet im Fussball ist für die Schweizer seit etwa einem halben Jahrhundert wenig zu holen. Der Frust wird sublimiert: Alle, die vier Jahre lang *Spaghetti*, *Neger* und *Kanaken* heissen, werden an Fussballweltmeisterschaften zu Freiheitskämpfern edelsten Gemüts, sobald sie gegen Deutschland spielen. Und als gar die italienischen Fussballer in Spanien Deutschland im Final (in der Schweiz heisst's *der* Final, nicht das Finale) schlugen, tanzten die Schweizer mit den *Tifosi* in den Strassen und verkniffen es sich mit Mühe, italienische Fahnen zu schwenken. Wer mehr über das schwierige schweizerisch-deutsche Fussballverhältnis wissen will: Bruno Ziauddin zeigt in seinem Buch *Grüezi Gummihälse* ausführlichst, »dass es für einen Schweizer tausend Gründe gibt, dem deutschen Fussball nicht übertrieben wohlgesinnt zu sein – historische, ästhetische, sportliche und pychologische, blöde und ungerechte, von den Deutschen selbstverschuldete und unverschuldete.« Ausgerechnet beim Skilaufen, dem unbestrittenen TV-Nationalsport, können die Eidgenossen durchaus Sympathien für Deutsche entwickeln – vor allem, wenn die sich in wichtigen Rennen vor den Österreichern platzieren. Diese Rivalität ist noch ein paar Jahrhunderte älter.

Versuchen Sie also, die Schweizer mit Komplimenten von ihrer Verschlossenheit zu befreien. Dass »hia alles so sauba« ist, wissen die Schweizer. Das zieht nicht mehr und stimmt nicht mehr wie einst. Ebenso wenig das langweilige Lob über die schöne Landschaft und die perfekte Organisation von pünktlichen Zügen und genau beschilderten Strassen. Was also sonst? Das ist schwierig und erfordert Fingerspitzengefühl. Die Schweizer haben Minderwertigkeitskomplexe – nicht allein Deutschland gegenüber –, kranken an übertriebenem Drang zur vorsorglichen Bescheidenheit. Die Schweizer machen etwas mehr als ein Promille der Erdbevölkerung aus und sind sich dessen in der Tiefe ihrer Seele nur allzu bewusst. Insgeheim halten sie sich allerdings wie jedes andere Volk ein bisschen für auserwählt und die Besten, wenn man sie bloss liesse oder genau hinschaute.

Machen Sie sich beispielsweise die Mühe, eine Schweizer Tageszeitung nach möglichen Helden zu durchforsten. Emil, Kurt Felix und Vico Torriani zählen nicht mehr. Wählen Sie gute Sportlerinnen und Sportler, die erst kürzlich auf internationalem Parkett die zweite Geige gespielt oder gar die Hauptrolle getanzt haben. Ihre Zahl hält sich in Grenzen, das Auswendiglernen der Namen sollte Sie nicht überfordern.

Obwohl er sie als Selbstverständlichkeit hinzunehmen scheint, findet der Schweizer die teilweise monströsen Bauten in den Alpen in Wahrheit phänomenal. Zum Beispiel den Gotthardtunnel, allerdings ist das auch ein schwieriges Thema. Jeder weiss, dass daran vorwiegend ausländische Arbeiter gebaggert haben. Und gerade diese Alpentransversale zieht derart viel Autoverkehr an, dass die fadengerade Röhre zugleich ihre erwähnte teuflische Seite hat. Was die Schweizer an Komplimenten ebenfalls nicht stört: solche über die friedliche Koexistenz verschiedener Kulturen. Für den Rest müssen wir auf Ihr Feingefühl vertrauen. Versuchen Sie's am besten gar nicht erst mit Ironie. Die Schweizer nehmen ernst, was Sie sagen, denn wenn Sie in Ihrem üblichen Tempo sprechen, haben Ihre Zuhörer alle Ohren damit zu tun, Ihnen zu folgen und die eigenen Gedanken in die Fremdsprache zu übersetzen. Da bleibt wenig Platz für blitzgescheite Kalauer. Mit Komplimenten an Ihr Gegenüber ist's, wie erklärt, noch delikater. Die Schweizer bringen nicht nur Schmeicheleien schwer über die Lippen, sie misstrauen ihnen auch, sobald sie ihnen gelten.

Bleiben Sie lieber sachlich und verkneifen Sie sich Spässchen zu Beginn einer Konversation, vor allem jene zum schwierigen Thema Geld.

Vorweg möchten wir ein kleines Missverständnis ausräumen: In der Schweiz spricht niemand von Fränkli – ausser Deutschen, die meinen, in der Schweiz mache das jeder. Wenn Sie wissen wollen, wie das sonderbar magische Ding hier benannt wird, merken Sie sich: Anständige Leute sprechen nur von *Geld* (in den verschiedenen Dialekten natürlich unterschiedlich ausgesprochen). Saloppe Ausdrücke für Geld sind *Chole, Schtutz, Chöle, Schpeuz, Chleibi, Chlütter* und für Franken *Hämmer, Hebel, Schtei*. Diminutive kommen erst bei Noten ins Spiel: *es Läppli* für 100 Franken und *e Tonne* für 1000 Franken. Wie sicher die Schweizer sind, dass sie noch über längere Zeit wenig mit der EU zu tun haben werden, lässt sich auch am Geld ablesen: 1995 wurden wieder einmal ganz neue Banknoten entworfen und in Umlauf gebracht (die natürlich wieder einmal noch fälschungssicherer sind und selbstverständlich wieder einmal als grafische Erstklassware gelten, wobei 2016 neue Noten auf den Markt kommen), denn dass der Franken zugunsten eines Euro ausdienen könnte, daran denkt hier keiner. So betrachteten die Schweizer die Einführung des Euro gespannt und skeptisch. Dass viele (auch Deutsche) ihr flüssiges (Schwarz-)Geld noch in die Schweiz brachten, bestätigte einige in ihrem Stolz auf die eigene Währung.

Über Geld spricht man nicht, das gilt auch hier und geht sogar noch weiter: Wer viel Geld hat, trägt es nicht zur Schau. Die Frage, ob jemand reich sei, ist schwierig zu beantworten. Reich reimt sich auf Scheich. Schweizer aber sind eher *solvent* oder *nicht mittellos*. Da ist Protzen nicht gefragt. Lieber eine teure, mit allem Komfort ausgestattete Limousine, die nicht feudal wirkt, als einen Rolls-Royce, bei dem jeder zweite Passant die Kühlerfigur abreisst. Am Handgelenk vielleicht eine Uhr für 10 000 bis 20 000 Franken, die man aber kennen muss, um ihren Wert abschätzen zu können. Ebenso wenig müssen teure Kleider extravagant aussehen, tempelhafte Villen allen Blicken preisgegeben werden. Es reicht ja, auf einer Party gesprächsweise einfliessen zu lassen, dass man den Innenarchitekten aus Finnland eingeflogen habe, weil dort die besten seien und so – aber keinesfalls Kosten nennen; der Zuhörer wird sich zweifellos die rechte Menge Ziffern vor dem Komma vorstellen können.

Einige wenige Schweizer sind besonders stolz aufs Geld. Nicht etwa, weil sie es in rauen Mengen hätten, sondern weil sie es machen. Grafiker und Drucker, aber auch Restauratoren versehentlich zerhackter, versengter oder eingeäscherter Noten freuen sich über Design und Qualität. Nicht zu Unrecht. Die Sandwichkonstruktion aus zwei Baumwollpapier-Lagen mit einer durchsichtigen Polymerschicht dazwischen ist vom Äusseren her durchaus akzeptabel. Dazu kommen noch ein paar Finessen, die Schweizer Banknoten fälschungssicher machen sollten: Wasserzeichen, Metallfaden, Durchblick, Kippeleffekt, abreibbare Farbe, Leuchtfasern und Farben, die nur Maschinen wahrnehmen können. Doch das alles ist für geübte Kassiererinnen zweitrangig, meinen Experten der Nationalbank.»Eine gute Kassiererin spürt sofort, ob sie eine echte oder eine falsche Note in die Hand bekommt. Unser Notenpapier hat einen fast unnachahmlichen Klang«, sagte Urs W. Bircher, ehemals stellvertretender Direktor bei der Schweizerischen Nationalbank.

Über den Reichtum der Schweiz ist schon viel geschrieben worden. Das Land mit einem der höchsten Pro-Kopf-Einkommen weltweit, mit einer Steuerbelastung, die so niedrig wie ungerecht verteilt ist.

Durchschnittlich liegt die Steuerbelastung in der Schweiz bei 26,8 %, was für Sie schon mal verblüffend wenig ist. Nimmt man sich noch die Steuerparadiese im Steuerparadies Schweiz unter die Lupe, staunt man noch mehr. Im Kanton Zug sackt die Belastung auf 13 % ab, wobei verschiedene grosse Firmen oder vermögende Ausländer noch ein gutes Stück tiefer gelegt werden. Das haben nicht nur einige internationale Stars aus Sport (vor allem Tennis und Formel 1) und Showbusiness entdeckt und sich – mindestens pro forma – in der Schweiz niedergelassen. Besonders clevere und reiche Neuzuzügler nehmen zuerst Kontakt mit den Steuerbehörden auf und stellen einen Antrag auf »Pauschalbesteuerung«. Bei positivem Bescheid wird der Steuerpflichtige nicht mehr nach Einkommen oder Vermögen besteuert, sondern nur »auf der Grundlage seines Lebensaufwands«. Viel mehr als eine bessere Spende fällt da nicht mehr ab. Mittlerweile haben andere Kantone nachgezogen im Kampf um die Reichen. Die Erbschaftssteuer wird weit herum abgeschafft. Die »degressiven« Steuern einiger Kantone, bei denen Reiche prozentual nicht mehr, sondern weniger Steuern bezahlt hätten, hat das Bundesgericht für nicht verfassungskonform und damit illegal erklärt. Es darf Sie nicht wundern, dass selbst die Schweizer über hohe Steuern klagen. Lassen Sie sie, sie wissen es nicht besser, vor allem wollen sie es nicht wissen. Der akzeptable Steuersatz läge ja auch für Sie nahe null Prozent.

Doch selbst in der Schweiz kann eine Durchschnittsfamilie mit einem Durchschnittseinkommen schnell ins Schleudern kommen. 1500 Franken für eine Dreizimmerwohnung ist in Zürich, Bern, Basel, Genf ein ausgesprochener Glücksfall, wer sich obendrein einer aufwendigen Zahnbehandlung unterziehen muss – die schnell mal 4000 bis 8000 Franken kostet –, kommt gehörig ins Schwitzen, denn Zahnbehandlungen werden nicht von der Krankenkasse übernommen. Das Netz der Sozialleistungen in der Schweiz ist weitmaschiger geknüpft als in Deutschland. Das kompensieren die Schweizer mit einer weiteren Spitzenleistung im Weltvergleich: Kein anderes Volk bezahlt pro Kopf so viel für Versicherungsprämien. Lebensversicherungen – auch als Kapitalanlagen – sind hier schon fast als weitverbreitetes Hobby zu betrachten. Was an Steuern gespart wird, fliesst in Versicherungen.

Den gesicherten Rahmen zu verlassen ist nicht des Schweizers Sache; er strebt nur zögernd nach Höherem, bleibt im Zweifelsfall bescheiden.

Von dieser Bescheidenheit war schon die Rede, das darf aber noch ein wenig ausgeführt werden. Denn Bescheidenheit scheint eine der Haupttugenden hierzulande. Sie wird vor allem von jenen verlangt, die deutlich über den Durchschnitt hinausragen. Die besten Skiläufer haben dieses Prinzip meist verinnerlicht. »Einen Platz unter den ersten fünf« peilen sie heuchlerisch an, nachdem sie eine Woche lang die Trainingsläufe dominierten. Der *Yankee*, der nie unter den ersten 15 war, will »selbstverständlich gewinnen«. So drängt's den Schweizer selten ins Rampenlicht, und wer trotzdem drin steht, benimmt sich verklemmt und zieht ein Gesicht. »Na gut, mach ich's halt, wenn ihr keinen Besseren findet.«

Schweizer »Stars« sind daher meist – jaja, wir kennen die wenigen Ausnahmen – ein Ausbund an Durchschnittlichkeit, was sich obendrein in deren Rollen niederschlägt: *Emil, Nötzli* und Vico Torriani machten die sprichwörtliche eidgenössische Schusseligkeit derart zum Markenzeichen, dass sie für andere Anwärter von öffentlicher Beachtung zum Korsett wird. Von den staubtrockenen Langweilern, die sich und das Volk im Parlament anöden, ganz zu schweigen. Wer als Künstler in irgendeiner Sparte Erfolg verbucht, bekommt bei seiner Rückkehr in die heimische Umgebung zu spüren, dass er »nicht meinen« müsse, es »mache uns *öppe* Eindruck«, dass seine Platten / Bücher / Bilder in den USA reissenden Absatz gefunden haben. »Auch der riecht beim

Scheissen nicht nach Parfum«, heisst es etwa, und der Bäcker tut alles dafür, dass ihm niemand den Vorwurf machen könnte, er hätte »den da« bevorzugt bedient. (Filmtipp: *Teddy Bär* von Rolf Lyssy)

Wer dennoch etwas wagen will, eine spinnige Idee auftischt und verwirklichen möchte, dem führen seine wohlmeinenden Freunde zuerst einmal ungefragt vor, was gegen ein Gelingen des Vorhabens sprechen könnte. Dahinter steht nicht schnöder Neid, sondern die Pflicht zum Einhalten der Durchschnittlichkeit, das Akzeptieren, dass man nichts Besonderes ist. Das absolute Gegenstück also zum typisch Amerikanischen, wo noch der letzte Depp davon träumt – und spricht –, Schwergewichtsweltmeister im Boxen zu werden.

Dementsprechend selten kennt jemand die Geschichte der Männer, die in Bronze oder Stein auf Sockeln stehen. In der Schweiz stürzen kaum Denkmäler. Das letzte war *le Fritz*, der Schweizer Soldat, den die Jurassier als Symbol für die Eroberung und Unterdrückung durch die Berner sahen. Er wurde wieder aufgestellt, erneut gestürzt, zerstört und seither nicht mehr ersetzt. Symptomatisch, dass die beiden populärsten Figuren *Helvetia* und *Wilhelm Tell* Phantasieprodukte sind. Die Gesichter auf Noten und Briefmarken bedürfen im Allgemeinen einer kurzen Beschreibung, sonst bleiben sie unerkannt.

Schon die östlichen Nachbarn der Schweizer sind auffällig anders gewickelt: Kreisky, Schwarzenegger, Falco, Erika Pluhar, Romy Schneider, Heller, Ambros, Hirsch, Danzer, Haider, Lauda, Hrdlicka, Billy Wilder und andere haben und hatten mehr Charisma und Frechheit im Auftreten als die meisten Schweizer. Die jahrhundertelange Adelstradition steckt den Österreichern offenbar genauso im Blut wie den Schweizern das Paritätische, Ausgewogene, Nivellierende. Das hat auch seine gute Seite: Hetzer und Leithammel haben bei den Eidgenossen im Allgemeinen eine recht limitierte Gefolgschaft. Wer glaubt, sich als kleiner Messias aufspielen zu müssen, wird schnell zurückgepfiffen.

Die Zurückhaltung hat einen weiteren Grund: Wer eher unbekannt ist, kann leichter im Trüben fischen. Diese Art von Stars sind sich im Allgemeinen für die Politik, die langweilige Kompromisssuche, die nörgelnden Medien schlicht zu schade. Es kann daher kein Zufall sein, dass vor allem in der Wirtschaft Persönlichkeiten zu finden sind, die sich durch Entschlossenheit, Charisma, Ideenreichtum, aber nicht minder durch Widerwärtigkeit, Kampfeslust, Schläue und Rücksichtslosigkeit auszeichnen – Leute, die nicht unbedingt die Öffentlichkeit suchen, aber nicht sofort einen Schritt zurücktreten, wenn die Öffentlichkeit sie sucht. Die Erregung bei der Revision des Rentengesetzes stellen wir uns ungleich schwächer vor als den Nervenkitzel bei einer Übernahme in Milliardenhöhe. Doch auch die Wirtschaftskapitäne üben sich in Zurückhaltung. Kultur hat das Understatement bei den Diplomaten, die Vermittlungsaufgaben nicht durch persönliche Eitelkeiten zu verkomplizieren. Thomas Borer, der ehemalige Schweizer Botschafter in Berlin, und dessen Ehefrau Shawne Fielding zählen wir zu den sehr auffälligen Ausnahmen. Dass er ausgerechnet wegen einer kaum belegbaren »Affäre« aus dem Diplomatenamt gejagt wurde, passt fatal ins Bild der Engstirnigkeit. Ganz allgemein bleibt der Eindruck, die Schweizer verwendeten die Energie, die andernorts in die Selbstinszenierung investiert wird, für die Arbeit oder die Perfektionierung des Englisch-Wortschatzes.

Gerade die Zurückhaltung der Schweizer macht das Land (neben den niedrigen Steuern) für viele Stars attraktiv oder mindestens angenehm. Tina Turner, Sebastian Vettel, Gérard Depardieu, Lewis Hamilton oder Ottmar Hitzfeld vermerken angenehm überrascht, dass sie auf den Strassen zwar erkannt, aber selten belästigt werden. Schumacher musste aber gleichzeitig bei seinem geplanten Umzug nach Wolfhalden erfahren, dass der Landschaftsschutz vor Prominenz nicht Halt macht. Für sein Bauvorhaben hätte Land neu in die Bauzone umgezont werden müssen. Das wurde aber auch für Schumacher nicht gemacht.

»Ist das nicht ...?«
»Doch du, ich glaub, das ist der vom Fernsehen.«
»Das ist doch ›Der Alte‹.«
»Ja, genau.«
»*Läck Beck!*« (Mensch!)

Soweit ein authentischer Dialog zwischen zwei Passanten in Zürichs Strassen. Übrigens: Er war's tatsächlich.

Obwohl Sie auf jedem Autonummernschild das Schweizer Wappen sehen, es als Flagge über jedem zweiten Schrebergarten flattert und die Schweizer insgesamt ein wenig stolz darauf sind, dass sie's eben sind, neigen sie nicht zum hemmungslosen Chauvinismus *à l'Américaine*. Die Landeshymne können die wenigsten auswendig, den Text verstehen noch weniger. Und die Fussballnationalmannschaft weigert sich mit erstklassiger Ausrede, vor den Spielen die Landeshymne mitzusingen: Eine einzige Melodie zwar, aber drei verschiedene

Textvarianten (deutsch, französisch, italienisch) – das müsste im Fiasko enden und dem Gegner entschieden Auftrieb geben. Lokalpatriotismus ist da verwurzelter. Der Komiker Viktor Giacobbo brachte das Gefühl vieler Schweizer auf den Punkt: »Wenn ich im Ausland bin, weiche ich den Schweizern aus; denn sie erinnern mich auf penetrante Weise daran, dass ich selber einer bin und mich möglicherweise auch so benehme. Eine Vorstellung, die mir eher unangenehm ist.« So werden Sie auf Schweizer treffen, die Schweizer Qualitäten geradezu penetrant negieren, von Spaniern, Peruanern, Zairern und Japanern schwärmen, die flink mit chinesischen Stäbchen essen, sehr gut ukrainisch kochen, brasilianische Platten auflegen und einen Hindi-Kurs für Fortgeschrittene besuchen. Das Fremde fasziniert.

Patriotismus ist eher etwas für den kleinen Rahmen. Ein paar Reden, denen kaum jemand zuhört, mit ein bisschen Feuerwerk am 1. August, dem Nationalfeiertag. Drum werden Ihnen viele Schweizer innerlich etwas vorwerfen, aber kaum laut formulieren: das breitspurige, grosskotzige deutsche Auftreten. Beckenbauers selbstbewusste Aussagen nach dem Sieg in der Fussball-WM 1990 (»der deutsche Fussball wird in den nächsten zehn Jahren Europa beherrschen«) löste hier Kopfschütteln aus. So was sagt man nicht, selbst wenn man's versehentlich gedacht hat.

Wer sich durchsetzt, tut das nicht wie Rambo, sondern *per exgüsi* (aus dem Französischen, schweizerdeutsch ausgesprochen), mit einem verzerrten Lächeln im Gesicht und einem halbzerkauten, schnell hingespuckten »Entschuldigung«. Im Einkaufszentrum können Sie kurz das Wägelchen Ihres Gegners spüren, einen Ellbogen in den Rippen, das Anstand suggerierende *Exgüsi* vernehmen, und schon steht er vor Ihnen in der Reihe. Schweizer sind im Allgemeinen in Warteschlangen ungeduldig und meinen (fälschlicherweise), die Beamten bei Post, Passbüro und Strassenverkehrsamt arbeiteten langsam und lausig, also drängelt man sich so unauffällig wie möglich vor.

Es ist eben wichtig, dass alles läuft. Wer an der Kasse im Supermarkt merkt, dass er versehentlich zu wenig Geld bei sich hat, wird nicht mit diskret verstohlenen Blicken und hörbaren Ausschnaufern gestraft, weil er illiquid ist, sondern weil das *Umtriebe* macht, Zeit kostet, den Ablauf stört, Wartezeiten verursacht, einen Stau sozusagen ...

Kein Schweizer isst Müsli –
Die Sprache(n) der Eingeborenen

Die Schweiz ist zwar nicht das vielsprachigste Land der Welt, aber immerhin auf einer der spannendsten Kreuzungen Europas entstanden: Von jedem der angrenzenden Kulturgebiete knapste sich die Schweiz ein Stück ab, ohne die Unmöglichkeit einer gemeinsamen oder einer klar dominierenden Sprache je in Betracht zu ziehen. Die offiziellen Landessprachen sind Italienisch (Tessin, Muttersprache von 500 000 Schweizern), Französisch (Romandie, 1,5 Millionen) und Deutsch (nahezu der Rest, 5 Millionen) und ausserdem seit 1939 noch das Rätoromanische (50 000). Man spricht es in Teilen Graubündens, und es klingt wie eine etwas plumpe Mischung aus Portugiesisch und Esperanto. Historisch aus der rätischen Sprache und Latein entstanden, gilt es seit 1939 als Landes- und erst seit 1996 auch als Amtssprache. Seither hat sich das Verhältnis zwischen Rätoromanisch-Übersetzern und Rätoromanisch-Lesern noch deutlicher zugunsten Ersterer verschoben. Regelmässig strahlen das Schweizer Fernsehen und Radio in Randzeiten Sendungen in diesem Idiom aus. Wer sich die anhört oder anschaut, weiss niemand so recht. Die Einschaltquoten dürften den Besucherzahlen einer Kleinkunstbühne entsprechen. Das Rätoromanische ist nämlich so etwas wie eine Museumssprache. Darum darf es auf keinen Fall aussterben. Genauer betrachtet, ist das Rätoromanische auch nicht eine Sprache, sondern eine Familie mehrerer Dialekte, die von Tal zu Tal variieren. Es existieren drei Schriftsprachen: *Sursilvan, Surmiran* und *Vallader*. Je nach Situation verstehen die verschiedenen Romanen einander oder eben nicht. Die Einheitsschriftsprache des Rätoromanischen heisst *Romantsch grischun*, wurde vom Zürcher Romanisten Heinrich Schmid entwickelt und 1983 vorgestellt. 1997 schaffte ein Grossverleger, was die zerstrittenen kleinen nie zustande brachten: die Herausgabe einer romanischen Tageszeitung. *La Quotidiana* wurde aber selbstredend sofort zum Politikum. Darf der Monopolist am Platz sich auch noch der Rätoromanen annehmen? Was geht verloren, wenn der Streit um das »Projekt Tageszeitung« plötzlich weg ist? Und vor allem: Wie viel Subventionen bekommt diese Zeitung und deren Verleger?

Das ist auch schon das Wichtigste, was Sie über das Rätoromanische wissen müssen: Es lohnt wirklich nicht, Ihre Volkshochschule zu beknien, endlich einen Kurs in diesem Idiom einzurichten – das überlassen Sie besser den Schweizern. Für die Philosophen unter den Lesern und Leserinnen: Rätoromanisch ist vielleicht der nur leicht erweiterten Form dessen vergleichbar, was Wittgenstein die »Privatsprache« nennt. (Das sagen Sie aber bitte keinem Rätoromanen.) Den Schweizern ist das Rätoromanische vor allem sinnfälliger sprachlicher Ausdruck für etwas typisch Schweizerisches: dafür, dass in diesem Land grösstmögliche regionale Eigenständigkeiten mit gemeinsamer nationaler Identität nicht nur zusammengehen können, sondern dass dieses für Aussenstehende manchmal paradox anmutende Gleichgewicht von eigensinniger Regionalität und nationaler Verbundenheit erhalten bleiben muss, wenn die Schweiz Bestand haben soll. Aber das wissen Sie ja bereits.

Wie gesagt – man spricht in der Schweiz: Französisch, Italienisch (mit italoschweizerischem Zungenschlag und jeder Menge italienisch untypischer Üs und Ös aus den lombardischen Dialekten), Rätoromanisch und Deutsch. Rätoromanisch hatten wir schon, Italienisch und Französisch dürften – sofern man dieser Zungen mächtig ist – kein grösseres Problem darstellen. Anders das Deutsche! Handelt es sich doch bei der »deutschsprachigen Schweiz« um einen groben Etikettenschwindel. Des Schweizers gesprochenes Deutsch ist nämlich durchaus kein Deutsch, sondern Schweizerdeutsch, eine alemannische Mundart, vulgo: *Schwiizerdüütsch* (*Schwyzerdütsch* oder *-tüütsch, -tütsch*), und dieses wiederum ist keineswegs *ein* Schweizerdeutsch, sondern mancherlei Schweizerdeutschs: Berndeutsch, Zürichdeutsch etc., wovon das eine noch exotischer für ungeübte Ohren klingt als das andere. Am exotischsten – auch für Deutschschweizer – darf der Dialekt der Oberwalliser gelten, der laut dem Schriftsteller Elias Canetti noch stark verwandt mit dem Althochdeutschen ist. Unverfälscht gesprochen, müssen die meisten Nichtwalliser davor kapitulieren. Von diesen intraschweizerischen Unterschieden einmal abgesehen, ist der

Deutschschweizer Dialekt als Ganzes mit dem Hochdeutschen etwa so eng verwandt wie ostfriesisches Platt mit der niederbayerischen Mundart.

Es gibt die Anekdote von dem Schweizer, der, um reinstes Hochdeutsch bemüht, das Lob aus deutschem Munde zu hören bekam, *so* schwierig sei das Schweizerdeutsch nun auch wieder nicht zu verstehen. Schwiizertüütsch aber ist keineswegs das, was (der Kabarettist) Emil redet, wenn er auf Tournee in Deutschland ist. Im gleichen Mass wie Schweizerdeutsch für den Deutschen eine Fremdsprache (wenn er nicht gerade vom schwäbischen Dorf kommt), ist Hochdeutsch den Deutschschweizern eine Fremdsprache – nicht *de jure*, aber *de facto*. Darum hören sich Schweizer Politiker im Fernsehen für deutsche Zuschauerohren immer wie ein vollwertiger Emil-Ersatz an.

Das weiss der Schweizer und spricht darum nur, wenn er es nicht vermeiden kann – mit Ihnen zum Beispiel –, Hochdeutsch. Und dabei schlägt er meist den Ton an, dessen sich ein Erwachsener gegenüber einem schwerhörigen Kleinkind bedienen würde: laut und überdeutlich und darum ein bisschen debil.

Die Deutschschweizer sind anderseits sehr (fremd-)sprachgewandt. Sie müssen es sein, denn was ihnen an der Wiege gesungen und gesprochen wird, findet weitherum kein Pendant. Zu dieser ihrer Muttersprache im eigentlichen Sinn haben sie eine starke emotionale Beziehung, auch wenn sie nicht immer gerne zu ihr stehen und sie nur nach eingehender Prüfung des fremden Gegenübers mit ihm teilen. Also lernen sie Französisch, Italienisch, natürlich Englisch und, wenn sie schon dabei sind, noch ein wenig Spanisch oder Portugiesisch. In der

Deutschschweiz sprechen 82 Prozent der Bevölkerung eine Fremdsprache. Damit rangieren sie europaweit hinter den Holländern (91 Prozent) und weit vor den Deutschen (67 Prozent). Mit ihren Kenntnissen brillieren sie gerne vor Franzosen, Amerikanern und Italienern, erklären Weg und Hinweistafeln perfekt und blicken gespielt bescheiden auf ihre Schuhspitzen, wenn das erwartete Kompliment (»Where did you learn your excellent English?«) eintrifft.

Sprechen sie aber Hochdeutsch, das sie *Schrift*deutsch nennen, wagen sie sich an eine Fremdsprache heran, obwohl sie sie eigentlich perfekt beherrschen müssten. In der Schule jahrelang geübt, doch stets eher als Schriftsprache denn zum Sprechen einladendes Hochdeutsch empfunden, mogelt sich der Durchschnittsschweizer ums freie mündliche Formulieren des Schriftdeutschen herum. Ein Kompliment liegt da kaum drin, höchstens unbeabsichtigte Heiterkeitserfolge, und darum kann es den etwa fünf Millionen Emil-Epigonen nicht gehen. Obwohl sich viele Schweizer über die schlechte Aussprache der Politiker lustig machen, sind ihnen jene suspekt, die akzentfrei sprechen und obendrein brillant formulieren. Sie sind selten, eigentlich nur unter Schauspielern oder Auslandschweizern zu finden.

Trösten Sie sich: Das Schweizerdeutsche ist nicht allein eine Verständigungsbarriere zwischen Ihnen und den Deutschschweizern, es ist ebenso eine innerschweizerische Barriere – ohne Schweizerdeutschkurs können ein Tessiner Geschäftsmann, eine Lausanner Geschäftsfrau in Zürich nicht richtig Fuss fassen. Darunter leiden die Tessiner, die erst zur Jahrtausendwende eine kleine Universität bekamen, die auf wenige Fachgebiete beschränkt ist, am meisten. Sie haben sich danach gerichtet: 82 Prozent der Tessiner sprechen Französisch, 70 Prozent Deutsch. Und da sich im Tessin auch viele Deutschschweizer niedergelassen haben, wird es Ihnen als Tourist nicht leichtgemacht, Ihre paar (oder mehr) Brocken Italienisch anzubringen.

Dafür droht die Schwiizertüütsch-Mundartwelle auszuufern. An diesem Trend haben die seit den achtziger Jahren zugelassenen Lokalradios mitgewirkt. Ein Tessiner Bundesrat warnte vor einer »Hollandisierung« der Schweiz, wenn sich die elektronischen Medienmacher nicht wieder vermehrt des Hochdeutschen befleissigten.

Für Jäger und Sammler von Sprachexotismen hält der Huber-Verlag in Frauenfeld übrigens ein ganz besonderes, bis jetzt 16-bändiges Werk bereit, dessen Vollständigkeit noch lange nicht abzusehen ist: das *Schweizerische Idiotikon*. Es sei hier kurz aus dem Prospekt zitiert: »Das Schweizerische Wörterbuch, das grösste Regionalwörterbuch des Deutschen, ist aus einem Idiotikon (Mundartwörterbuch, d. Verf.) schweizerdeutscher Wörter längst zu einem umfassenden Wörterbuch des Schweizerdeutschen geworden, ja in gewissem Grad zu einem Reallexikon oder Thesaurus. Es erschliesst sowohl den Wortschatz der zum Teil sehr altertümlichen Dialekte der Schweiz (samt den Walsermundarten Oberitaliens) als auch die schriftliche Überlieferung dieses Gebiets seit dem 12. Jahrhundert, besonders gründlich die des 15. und 16. Jahrhunderts.« Weiter wird versprochen, dass die Wörter der »lautlichen Vielfalt gemäss dem schmellerschen System nach der Herkunft angeordnet und semantisch aufeinander bezogen« sind. An dieser umfassenden Arbeit scheinen sich gleich ein paar Generationen von

Sprachforschern ihren Lebensunterhalt verdient zu haben – vor allem durch richtiges Einteilen der Aufgabe: Im ersten Band (erschienen 1881) arbeitete man sich noch durch die Buchstaben *A bis F*, im zweiten, 1885 *(G bis* [sic] *H)*, scheint sich bereits die Angst, zu schnell fertig zu werden, niedergeschlagen zu haben. Ein Lehrstück, wie man sich einen gut subventionierten Lebensjob bewahrt, sind die Bände ab Nummer VII (1913). Also: Band VII: *S*; Band VIII: *Sch*; Band IX: *Schl bis Schw*; Band X: *Sf bis Stck*; Band XI: *St-l bis Str-z*; Band XII: *T bis T-m*; Band XIII: *T-n bis T-z*; Band XIV (1987): *Tch bis Twrg*, Band XV (1999): *W bis W-m* und schliesslich Band XVI (2012): *W-n bis W-z, X.* Band XVII widmet sich dem Buchstaben *Z* und erscheint in laufenden Lieferungen. Die bisherigen 16 Bände kosten 8925 Franken. Die heutige »Idiotikon«-Redaktion verspricht, im Jahr 2022 die Arbeit abgeschlossen zu haben, sieht aber bereits neue Möglichkeiten: »Denkbar wären Nachträge zu den ältesten Bänden, eine Neubearbeitung dieser Bände, eine komplette Neubearbeitung, eine Volksausgabe«, assoziierte der frühere Chefredaktor Peter Ott. (Dass dies alles »denkbar« ist, lässt sich leicht belegen: Die Arbeit wird jährlich mit mehr als einer Million Franken subventioniert.)

Daran tasten Sie sich also heran. Zunächst ist mit einem Klischee aufzuräumen. Dieses Klischee betrifft die Schweizer Diminutivform *-li* (-chen). Die Schwierigkeit dabei ist, dass sich Klischee und Wirklichkeit decken: In der Schweiz ist tatsächlich vieles ein -li. Das geht so weit, dass man Ihnen statt des *Grüezi* ein *schööns Tägli* und statt des *Uufwiedeluege* ein *Tschüssli* entbieten wird. Lassen Sie sich von diesem Blödsinn weder einschüchtern noch (und das ist viel wichtiger) dazu animieren, die eigene Rede mit -lis zu schmücken. Die Schweizer finden das gar nicht komisch, und sie haben recht damit. Denn vielfach ist das Schweizer Diminutiv (von ein paar Scheusslichkeiten abgesehen) derart normaler Wortbestandteil, dass er als Verkleinerungsform gar nicht auffällt und infolgedessen nicht als solcher ins Hochdeutsche übersetzt werden kann: das *Gipfeli* (Hörnchen, Croissant) nämlich ist kein »Kipfelchen«. Also bitte, bitte: keine Fränkli, Trämli, Hundeli etc. Damit erheitern Sie keinen Schweizer, sondern machen nur sich selber lächerlich.

Bemühen Sie sich trotzdem, des Schweizers Deutsch ein wenig zu verstehen. Stellen Sie sich nicht allzu dusslig. So schwierig ist es nämlich nicht. Zwei, drei Tipps sollen den Zugang erleichtern. Das K ist oft zum weltbekannten Ch mutiert. (Dass darum das nationale Schweizer Autokennzeichen CH lautet, ist natürlich ein Gerücht. Tatsächlich ist es die allen Landesteilen entgegenkommende Abkürzung des lateinischen *Confoederatio Helvetica*.) Wo der Schweizer ein langgezogenes *u* spricht *(Bruuch, Huus, Muus)*, steht im Deutschen meist ein *au* (Brauch, Haus, Maus). Anstelle der Diphthonge stehen also lange Vokale. Dafür diphthongieren die Schweizer, wo's den Deutschen am heftigsten schmerzt. Tuch, Mut, Mus werden mit einem für deutsche Zungen unmöglichen *ä* (oder *e*) gewürzt, was dann zu uä führt: *Tuäch, Muät, Muäs*. Daraus erklärt sich ein in Deutschland verbreitetes Missverständnis: Wenn Sie in der Schweiz ein *Müsli* bestellen, grinsen Ihre Gastgeber in sich hinein, denn Sie scheinen eine kleine Maus verspeisen zu wollen. Die in der Schweiz von Dr. Bircher entwickelte

Frucht-Joghurt-Flockenmischung ist hierzulande ein *Müesli*. Zudem wird im Schweizerdeutschen das *n* am Ende eines Wortes meist weggelassen: finden – *findä*, die anderen – *di andärä* etc.

Womit Sie sich anfreunden können, ist Gesang und fehlendes Tempo der Schweizer beim Sprechen. Sie haben es nicht so eilig, sind dafür musikalisch, selbst wenn sie ihre *Lämpe* (Streit) beim *Chrampfe* (Arbeiten) im *Schtolle* (Arbeitsplatz) auswalzen. Aber auch kurze Wörter wie *merci*, das oft zu *mässi* oder *määssi* mutiert, können die Schweizer so charmant flöten, dass man sich mit dem kanonartigen Einstimmen des antwortenden *Scho rächt* nicht einmal sonderlich beeilen muss.

Zu bedenken ist im Übrigen, dass das schweizerdeutsche *y* im allgemeinen kein *ü* sondern ein langes *i* ist, ein kleiner Hinweis auf die Verwandtschaft des Schweizer- mit dem Altdeutschen. Das ist wichtig, wenn Sie Frau Ryser und Herrn Byland begegnen, mit denen Sie vorher ausschliesslich schriftlichen Kontakt hatten.

Es dürfte Ihnen nur von Fall zu Fall auffallen, wo das Schweizerdeutsche grammatikalisch vom Hochdeutschen abweicht. Grundsätzlich existiert im Schweizerdeutschen kein Imperfekt. Vergangenes wird stets in der Vorgegenwart erzählt. Aufgrund dieser grammatikalischen Besonderheit sprechen Schweizer in Fremdsprachen grundsätzlich zu häufig im Perfekt.

So fremdartig die Deutschschweizer Mundart also zunächst klingt – sie ist keineswegs eine hermetische Sprache: Würden Sie ein knappes halbes Jahr in der Schweiz leben, Sie könnten (fast) jedes Wort verstehen.

Mit dem Sprechen allerdings sieht es anders aus. Um Schweizerdeutsch zu sprechen, langt es nicht, jedes in einem Wort vorkommende *ch* möglichst guttural auszusprechen und an das Wortende zusätzlich ein *-li* anzuhängen. Tun Sie den Schweizern den Gefallen, einmal (aber sicher nur einmal!) das schweizerischste aller Worte *Chuchichäschtli* (Küchenkästchen) zur allgemeinen Erheiterung zu radebrechen, und befleissigen Sie sich im Übrigen getrost des Hochdeutschen, ohne sich unnötigerweise auf schweizerdeutsche Einsprengsel zu kaprizieren. Für das Schwiizertüütsche nämlich gilt: Lassen Sie es bleiben. Es wirkt nicht einmal in erster Linie anbiedernd, es berührt vor allem peinlich. Das meinen sogar deutsche Kinder, die in der Schweiz aufwachsen. »Wenn meine Mutter mit anderen Eltern berndeutsch spricht, finde ich das peinlich. Wenn sie hochdeutsch spricht, ist es auch peinlich, aber weniger«, beschreibt eine Tochter in der Berner Tageszeitung *Der Bund* das Sprachdilemma. Das Gleiche gilt für etwas, was Sie zu beherrschen glauben, in Schweizer Ohren aber im Allgemeinen übel klingt: *grützi*, *grüüzi* oder *grüzzi*! Bleiben Sie bei Guten Tag, bis Ihnen jemand für Ihr *Gruäzi* die Prüfung abgenommen hat. Oder wenden Sie den Verschlucktrick an und sagen Sie *-zi*. Das machen auch viele Schweizer so.

Wenn's denn sein soll, weil Sie in der Schweiz bleiben und sich assimilieren wollen: Schweizerdeutsch lernen Sie am besten, indem Sie geduldig zuhören. Aber unterlassen Sie alles, was darauf hindeutet, dass Sie meinen, diese Sprache sei nur zu Ihrer Erheiterung geschaffen worden. Das lieben die Schweizer so wenig wie die Holländer. Nehmen Sie das Schweizerdeutsche zuallererst als eine Fremdsprache, und es wird Ihnen sogleich weniger befremdlich erscheinen. Zum Erlernen einer Fremdsprache gehören nun einmal Vokabeln, und die sind anders als die eigenen Wörter, auch wenn beide oft ähnlich klingen. Bevor Sie blitzschnell kombinieren, kalkulieren sie ein Missverständnis ein. Zum Beispiel:

Steht in einem Restaurant auf der Speisekarte *à discrétion*, so heisst das nicht, dass dieses Gericht im *chambre separée* serviert wird – Sie bekommen lediglich für den Pauschalpreis so viel, wie Sie möchten. Der Schweizer *Harass* ist kein Schäferhund, sondern eine Getränkekiste. Wenn von einem *Mödeli Anke* die Rede ist, so ist kein Mädchen namens Anke gemeint, sondern ein Stück Butter. Und wer Sie fragt, ob Sie ein *Zältli* möchten, der will Ihnen keine Campingausrüstung aufschwätzen, sondern ein Bonbon anbieten. *Chriesi* sind keine Krisen, sondern Kirschen (wobei ein *Herzchriesi* im Slang für einen Herzinfarkt gebraucht wird), und *Peterli* ... Also, die Anekdote, die einem von uns wirklich (!!) passierte, muss ich (der eine von uns, dem sie passiert ist) erzählen:

Mit einem Freund aus Deutschland gehe ich in ein Restaurant. Ich bekomme die bestellte Spargelcremesuppe mit Petersilie und stosse darin auf etwas Zähes: Ein kleines Gummiband. Ich beschwere mich bei der Kellnerin, die sich entschuldigt, das *Gümmeli* stamme wohl vom Peterli. Dann sei es ja nicht so schlimm, sage ich, und mein Freund fragt erstaunt: »Du kennst den Koch?«

Als Tourist halten Sie sich am besten an zwei, drei Ausdrücke, die, richtig platziert, Erfolg versprechen. Sitzen Sie beispielsweise mit Eingeborenen in einer Kneipe *(Schpunte, Beiz, Chnelle)* und der Kellner fragt Sie höflich, was Sie denn gerne hätten, bestellen Sie *es Tschumpeli Dohl*. Das Risiko sollte sich lohnen, denn neben den verblüfften Gesichtern dürfen Sie auf ein Gläschen Roten *(Dôle)* hoffen. Oder wenn die Sprache irgendwann –

und damit dürfen Sie fest rechnen – aufs Fondue kommt, sagen Sie ganz beiläufig *Figugegl*. Das könnte der Schlüssel zu manch verstocktem Eidgenossenherz sein. Keine Sorge, Sie haben nichts Unanständiges gesagt. *Figugegl* ist lediglich die lautmalerische Abkürzung des Slogans *Fondue isch guet und git e gueti Luune* (Fondue ist gut und gibt eine gute Laune), den ein Werbebüro samt Abkürzung etablierte. Derart, nebenbei bemerkt, dass ein *Streetboy* an eine *Passerelle*, pardon: Fussgängerüberführung, das Grafitto *Haschigugegl* sprayte.

Apropos Passerelle – daran müssen Sie sich gewöhnen. Da die Schweizer ihre Sprache nur sprechen, und in der Regel lediglich aus Jux (oder in Idiotikonform) schriftlich festhalten, sind Neuschöpfungen und Fremdwörtern aller Herkunft das Feld von Beginn an überlassen. Der Fussball kommt aus England, also wird hier weder von Ecke, Strafstoss noch von Torhüter gesprochen, sondern von *corner, penalty, goalie* und *offside, behind, coach, hands* und *goal*, selbst der *ref* oder *referee* wird aus Sparsamkeit häufig dem Schiedsrichter vorgezogen. Daraus erklären sich auch verschiedene Namen von Fussballclubs: *Grasshopper, Blue Stars, Red Star, Young Fellows, Young Boys* und sogar *Old Boys*. Im Eishockey sind analog *slapshot, shutout, penalty-killing, powerplay, time out* und *center* Trumpf und allen Fans geläufig. Dementsprechend bemühen sich die Sportreporter, denen meist wenig Informatives in den Sinn kommen will, selbst die exotischsten Namen richtig auszusprechen, nicht ohne sich dabei jovial für ihr Japanisch, Finnisch, Türkisch zu entschuldigen.

Als Resultat der europaweiten Amerikanisierung werfen vorwiegend junge Schweizer mit 1000 englischen

Wörtern um sich, und das nicht nur, wenn sich das Gespräch um Computer dreht. »Ich find das too much«, »das isch ächt heavy«, »so än toughe guy«, »gömmer go dänce oder go fuudä?« (Gehen wir tanzen oder essen?) sind keineswegs frei erfundene Sätze. Mit der Aussprache hapert's manchmal. Der *Cup* wird zum *Ggöpp*, das *Derby* zum *Därbi*, der *Cowboy* zum *Ggoboi* und die *Grapefruit* zur *Gräpfrüi*.

Eigenartig wirkt ein weiteres Sprachgemisch, das man hauptsächlich in Städten hört: das Italoschweizerdeutsch, vor allem von jugendlichen Italienern der zweiten Generation (Kindern der Einwanderer) gesprochen. »Ma che cosa hett i sölle mache, wo i die disco di Ramazzotti im Zimmer vo minere sorella gfunde ha?« (Was hätte ich denn tun sollen, als ich die Platte von Ramazzotti im Zimmer meiner Schwester fand?)

Seit dem Krieg im ehemaligen Jugoslawien hat die Zuwanderung von dort jene aus Italien überrundet, was zu einer »Balkanisierung« der Jugendsprache führte. Kennzeichen sind eine stark vereinfachte Grammatik und exklamatorische Satzformen wie »He Mann« in der entsprechenden Tonlage. Das Französische hatte länger Zeit, einzusickern – es lag auch näher – und macht sich bis heute bemerkbar in *Restaurant, Café, Coiffeur* (ja nicht Friseur!), *Trottoir, Jupe* (statt Rock), *pressant* (in Eile), *Pommes frites* (nicht gesprochen wie geschrieben), *Coupe, Apéro, Dessert* oder *Bière panachée* (Bier-Zitronenlimo-Gemisch), desgleichen in Namen wie Brigitte und Susanne, deren Endung französisch stumm bleibt. Eindeutschungen und Übersetzungen sind eher unüblich, wenn nicht gar verpönt, und wurden nicht wie in Deutschland zu gewisser Zeit der Reinheit wegen von oben befohlen. Sosse statt *Sauce*, Eiskrem statt *Ice-cream* oder *glacé*, Frankreich-Rundfahrt statt *Tour de France*, Fahrkarte statt *Billett*, Rundfunk statt *Radio*, Hubschrauber statt *Helikopter*, Pampelmuse statt *Grapefruit*, Flaumdecke statt *Duvet* kommen für den Schweizer nicht in Frage. Da die Schweizer in der französischen Aussprache ziemlich geübt sind, müssen sie sich ein leises Lächeln verkneifen, wenn Sie sich mit Städtenamen wie *Vevey* abmühen. (Es sei verraten: Wöwä.) Je weiter westwärts Sie kommen, desto deutlicher wird der Einfluss des Französischen. Gewisse Fussballreporter haben das noch kultiviert. Da wird *düpiert, lanciert, interveniert* und der Torhüter schliesslich *contre-pied* (auf dem falschen Fuss) erwischt. In der Schweiz ist auch meist von Wetterprognosen statt -vorhersagen die Rede.

Bei französischen Wörtern zeigt sich eine weitere eidgenössische Eigenart: Die Schweizer betonen grundsätzlich die erste Silbe und stellen verdutzt fest, dass Sie die letzte betonen. Das kann zu endlosen Diskussionen führen, die vielleicht wortreich, aber selten mit grossen Gesten geführt werden. Die Schweizer haben kein grosses Repertoire an textunterstützender Gestik und Mimik. Auch da sind ihnen die Ausländer zu Hilfe gekommen. Neben diversen Gesten haben die vielen eingewanderten Italiener den einen oder anderen knackigen Fluch zur Bereicherung der Schweizer Kommunikationskultur beigesteuert.

Selbst in der schweizerischen Schriftsprache gibt es interessante Eigenheiten. Die typischste ist die folgende: Das Adjektiv Schweizer – wird in jedem Fall gross und in der Regel mit dem folgenden Substantiv zusammengeschrieben (welches vor nationalem Respekt sozusagen ganz klein wird). Es heisst also: Schweizerfahne, Schweizerbürger, Schweizerpass. (Eine liebenswerte Schweizereigenart, dieser sprachliche Ausdruck des Schweizerzusammengehörigkeitsgefühls, die allerdings durch die neue deutsche Rechtschreibung infrage gestellt wird.)

Zu Heiterkeit geben dem Deutschen immer wieder hochdeutsche schweizerische Formulierungen Anlass wie »Fehlbare Automobilisten werden gebüsst« oder schriftliche Warnungen in Trams, dass Fahrgäste ohne Billett 80 Franken für die *Umtriebe* zahlen müssen. Für deutsche Augen liest sich das – zugegeben – belustigend. Aber wenn Sie als Schweizer den hundertsten Deutschen erlebt hätten, der das alles zum Schiessen komisch findet, könnten auch Sie sich vielleicht nicht des Eindrucks erwehren, dass die komische Provinzialität mehr aufseiten des deutschen Gegenübers als auf der eigenen ist.

Mit Sicherheit werden Sie verdutzt auf eine weitere Erklärung hoffen, wenn ein Schweizer behauptet, er habe kürzlich *gezügelt*. Fragen Sie ihn nicht wen, sondern wohin – er ist schlicht umgezogen. Im schnellen Hin und Her des Gesprächs fällt der Schweizer beim Übersetzen von Wörtern wie zügeln immer wieder herein. Umziehen kommt ihm nicht schnell genug in den Sinn. Findet er etwas *dä Plausch*, ringt er gleichfalls nach dem richtigen Wort. Sie können davon ausgehen, dass er seinen Spass an etwas gehabt hat. *Spargeln* ist in der Schweiz kein Verb, sondern die Mehrzahl von Spargel, wie sie in Deutschland nicht existiert. Die Pflicht, sich im Auto anzuschnallen, heisst übrigens *Gurtenobligatorium*, und Reste wurden den Schweizern zu *Resten*. Ausserdem fügt der Schweizer gern ein s ein, wo es der Deutsche in der

Regel weglässt: beim Zugsunglück zum Beispiel; ein gewachsener zwanghafter Sprachmanierismus.

Noch ein paar Übersetzungen auf die Schnelle: *Rahm* = Sahne; *Münz* = Kleingeld; *zöikle* = reizen; *Zmittag* und *Znacht* = Mittag- und Nachtessen; *frömde Fötzel* = Fremdling; *uufgschtellt* = gutgelaunt; *Töff* = Motorrad; *Schmier* = Polizei; *Schträäl* = Kamm; *schtiär* = pleite, aber auch spiessig; *blöödä Siäch* = dummer Kerl; *lässig* = toll; *Plastiksack* = Tüte; *Perron* = Bahnsteig; *duzis mache* = das Du anbieten; *hoi* = hallo (wenn man duzis ist); *Gschläik* = Affäre; *gigele* = kichern; *tschute* = Fussball spielen; *is Füdli gingge* = in den Hintern treten; sich *is Füdli chlüübe* = sich in den Hintern kneifen, sich Mühe geben; *Müntschi* = Küsschen (Berndeutsch); *öppis* = etwas; *lädele* = gemütlich einkaufen; *lisme* = stricken; *rüttle, chrampfe, bügle* = arbeiten; *bloche* = rasen (mit Auto oder *Töff*); *Car* = Reisebus; *Tram* = Strassenbahn; *Bünzli* = Spiesser (aber auch ein weitverbreiteter Familienname); *Tüpflischiisser* = Korinthenkacker; *hässig* = sauer (nicht die Milch – Sie!); *Stumpe* = Zigarre; *Schnauz* = Schnurrbart; *chäibe, schampar* = sehr; *äs bitzeli* = ein wenig; *laufe* = gehen; *Samichlaus* und *Schmutzli* = Nikolaus und Knecht Ruprecht.

Im Zuge der gesamthelvetischen Verständigung erhielten viele Orte drei Namen. Lassen Sie sich aber nicht den Bären aufbinden, mit dem ein amerikanischer Tourist prahlte: Er wisse, sagte er, dass Luzern drei Namen habe, nämlich Luzern, Lugano und Lausanne. Richtig hingegen sind *Basel*/Basilea/Bâle; *Chur*/Coira/Coire; Genf/Ginevra/*Genève*; Sitten/*Sion*; *Siders*/Sierre; *Zug*/Zugo/Zoug; Bellenz/*Bellinzona*/Bellinzone; *Zürich*/Zurigo/Zurich; Neuenburg/*Neuchâtel*; *Biel*/Bienne –

womit Sie auch gleich noch die Erklärung geliefert bekommen haben, weshalb die Biennale so heisst, wie sie heisst, oder?

Über ein paar sprachliche Eigenheiten in Sachen Telefonieren sollten Sie tunlichst Bescheid wissen. Der Schweizer telefoniert mit dem Dativ: »Rufen Sie mir an«, oder gebräuchlicher: »Telefonieren Sie mir«, wird er Sie pseudoberlinernd auffordern. Das rührt nicht unbedingt von seiner grammatikalischen Unbedarftheit her, sondern von einer Dialekteigenheit, die im schweizerischen Hochdeutsch gern übernommen wird. Auf Schweizerdeutsch nämlich heisst es: *Lüütet Si mir aa* beziehungsweise *Telefoniäret Si mir*. (Schwierigkeiten hat der Schweizer übrigens auch mit dem Unterschied von wer und wen, weil die Mundart nicht zwischen Nominativ und Akkusativ differenziert: Darum sagt er zum Beispiel: »Hier bist du Mensch, hier kannst du ganz dich selbst sein.« Lassen Sie ihn – sich selbst sein.)

Eine weitere Besonderheit in puncto Telefon ist die, dass der Schweizer die Tastatur sprachlich als eine Art Nummernschloss behandelt: Das Fräulein von der Auskunft wird Ihnen nämlich mitteilen, welche Nummer Sie *einstellen* müssen.

Schliesslich wäre da noch von einer putzigen Eigenart der Schweizer beim Telefonieren zu berichten, die kaum anders als mit frühkindlicher Traumatisierung durch Verlassenwerden oder aber mit exzessivem Kasperletheaterspielen, noch besser mit beidem zu erklären ist. Wie kurz auch immer Ihr Schweizer Telefonpartner das Gespräch unterbrechen muss, er wird es mit diesen Worten wiederaufnehmen. »Sind Sie noch da?« Antworten Sie mit einem schlichten Ja, und wundern Sie sich nicht. Es ist nun einmal eine Redensart am Telefon, und die ironische Antwort: Nein, Sie hätten sich gerade eben in Luft aufgelöst, würde Ihren Gesprächspartner nur unnötig befremden. (Wenn ein Engländer Sie mit *How do you do* begrüsst, erklären Sie ihm ja auch nicht, wie Sie es am liebsten treiben.) Überhaupt scheint Ihnen vieles, was die Schweizer sagen, völlig überflüssig, weil damit falsche oder keine Informationen transportiert werden – meinen Sie. Das ist eine der hinterhältigsten Täuschungen der Schweizer, die sehr exakt zwischen implizit und explizit unterscheiden, genauso, wie sie den Unterschied zwischen höflich und freundlich kennen. Implizit? Genau: nur zwischen den Zeilen, aber doppelt so wichtig. Sie werden immer wieder einen einheimischen Dolmetscher brauchen, der Ihnen aufschlüsselt, was zum Beispiel der Vermieter tatsächlich gemeint hat. Wenn er sich konkret darüber freut, dass Sie »offenbar Grund zum Feiern« haben, können Sie sicher sein, dass sich Mitbewohner beim Vermieter über Ihre Partys beschwert haben. Also: bitte leiser treten.

Ach, noch etwas: So Sie Norddeutscher sind, bedenken Sie, dass sich im schweizerischen *Klöönen* nicht das verbirgt, was man während eines Klönschnacks tut (also: Plaudern, Klatschen, Erzählen), hierzulande bedeutet es Jammern, und zwar jenes der eher quengelig unangenehmen Art. Und *das Puff* ist nicht der Puff, den Sie meinen, sondern ein schweizerisches Durcheinander; bei der *Schnupperlehre* handelt es sich um ein Arbeitspraktikum während der Schulzeit, und die *Ständerlampe* ist eine Stehlampe und keine Genitalbeleuchtung.

Jetzt hören wir aber wirklich auf.

Sie haben mit Ihrem Pneu auf dem Trottoir parkiert! – Verkehr in allen Lagen

Meine Damen und Herren, wir treffen in Bern ein. Mesdames et messieurs, nous arrivons à Berne. Signore e signori, stiamo per arrivare a Berna. Ladies and Gentlemen, we are arriving at Börn.« Was den Schweizern für Milch-, Kakao- und *Guetzli* (Keks-)Packungen recht ist, ist ihnen für die Ankündigung der nächsten Zugstation nur billig. Am geübten oder grauenhaften Zungenschlag können Sie erkennen, ob der Zugführer oder einer seiner sprachgewandteren Helfer sich an der Durchsage versucht hat oder aber die – hoffentlich richtige – Kassette abgespielt wurde. Die *Schweizerischen Bundesbahnen* (SBB, französisch CFF, italienisch FFS) sind in den achtziger und neunziger Jahren werbemässig in die Offensive gegangen und geben sich Mühe, Reisende nach dem Motto »Je öfter, desto günstiger« mit teilweise originellen Angeboten von der Strasse auf die rund 17 000 Kilometer Schiene (Bahn, Strassenbahn, Privatbähnchen) zu locken. Die Ansage in

Intercity-Zügen ist einer der etwas ungelenken, darum umso charmanteren Versuche der SBB, modern zu wirken. Dazu kommen noch Durchsagen, die Telefon, Speise-, Kinderspiel- oder Bürowagen anpreisen – in allen Amtssprachen und Englisch, versteht sich. Das nervt nur jene, die das Kabarettistische darin partout nicht hören wollen.

Die Bahn bietet eine breite Palette an Benutzungsmöglichkeiten, das Netz ist dicht, die Züge sind meist pünktlich und die Wagen sauber, weshalb wir Ihnen in Sachen Transportmittel als Erstes das Auto aus- und die Bahn einreden wollen. (Auch die Sitze sind sauber. Auf keinen Fall die Füsse auf dem gegenüberliegenden Sitz hochlegen, es sei denn, Sie legen eine Zeitung unter!) Dass die Schweizer Spitzenreiter im Zugfahren sind, kann ja kein Zufall sein. Auch 2014 waren sie mit 3075 km bzw. 56 Fahrten pro Kopf wieder Europameister im Bahnfahren. Weltweit wurden sie nur von Japan übertroffen. Im Vergleich: Die Luxemburger auf Platz zwei kommen auf 35, jeder Österreicher auf durchschnittlich 29 und der Deutsche rangiert in Europa mit 22 Fahrten pro Kopf immerhin auf Platz fünf.

Vom Zug aus können Sie die Postkartenschweiz am besten begutachten. Vor allem in den Bergen, wo das Passstrassenfahren einige Geduld (hinter Bussen und Lastwagen) und fahrerisches Können (in neckischen Spitzkehren) verlangt, ist der entspannte Blick ins Tal ein fast unwirkliches Erlebnis – ganz so, als ob Sie als Maus in einer perfekt gestalteten Modelleisenbahn mittuckerten. Beispielsweise im *Bernina Express*, mit dem Sie auf 2255 Meter ü. M. die höchste Alpentransversale auf der Schiene überqueren können. Oder im *Glacier Express*, der Sie an überwältigenden Berg- und Gletscherpanoramen vorbeiführt. Oder gar im Panoramawagen der *Montreux-Oberland-Bahn*.

Decken Sie sich an irgendeinem Bahnhof mit Prospekten ein. Sie werden erfahren, wie Sie Ihr *Velo* (Fahrrad) und Gepäck am besten transportieren, wohin die günstigsten Städtereisen (inklusive Hotelbuchung) führen, an welchen 250 Bahnhöfen Sie tageweise Velos mieten können, welche Züge einen Spielwagen für Ihre Kleinen mitführen, welche Ermässigungen Ihrem Schwiegervater gewährt werden, wenn er zu Besuch kommt, und auf welchen Strecken Ihnen im Speisewagen eine warme Mahlzeit offeriert wird. Gerade dort gilt allerdings, was für die Schweiz generell stimmt. Der Preis fürs Überleben ist hoch und lässt sich in Franken umrechnen. Tischreservationen im SBB-Restaurant machen Sie beim Rail Service unter 0900 300 300 (CHF 1,19 / Min. vom Schweizer Festnetz aus).

Sollten Sie sich nur kurz in der Schweiz aufhalten, könnte sich der Swiss Travel Pass auszahlen: dieses zwischen drei Tagen (CHF 210,– in der 2. Klasse / 336,– in der 1. Klasse) und 15 Tagen (CHF 440,– / 704,–) gültige Generalabonnement kann ein unsteter Reisender leicht amortisieren. Wer jedoch Einzelbillette kauft, muss unbedingt die Gültigkeitsdauer seiner Karte beachten. Sie erstreckt sich von einem Tag bis zu einem Monat – je nach Länge der zurückzulegenden Strecke. Für Hunde ist der halbe Fahrpreis zu entrichten. Kinder bis 6 Jahre fahren immer gratis, Jugendliche bis 16 Jahre, wenn sie in Begleitung mindestens eines Elternteils reisen und diese eine Familienkarte haben, ebenfalls.

Die SBB unterscheiden zwischen Regionalzug

(Bummler), Interregio, Intercity, Eurocity (bei grenzüberschreitenden Fahrten unbedingt reservieren) und dem TGV, der von Zürich, Bern, Lausanne, Neuenburg und Genf in Hochgeschwindigkeit nach Paris rast.

In der Schweiz gilt im Prinzip der Taktfahrplan. Theoretisch fährt jeder Zug stündlich zur gleichen Zeit. Dass in Spitzenzeiten mehr Züge eingesetzt werden, dürfte klar sein. Etwa 75 Prozent der Züge fahren pünktlich ab oder kommen pünktlich an. Trotzdem: Wenn Sie zeitlich knapp dran sind, sprinten Sie besser nicht. Ausgerechnet Ihr Zug wird unter den 75 Prozent sein, denn bei der SBB gilt eine Verspätung von zwei Minuten bereits als unpünktlich.

»Grosse« Distanzen legen Sie mit dem Zug schnell zurück. In einer Stunde von Basel nach Zürich, in zweieinhalb von Zürich nach Lausanne. Geduld ist erst gefragt, wenn Sie in ein Bergtal wollen. Umsteigen, warten, jedes Bahnhöflein eine Station. Zum Ausgleich erleben Sie eine gleichbleibende, unvergessliche Beschaulichkeit.

Keinen Einfluss haben die SBB auf die Taxis, die Sie vom Bahnhof zum Hotel bringen und sauteuer sind, auch ohne Trinkgeld, das – wenn überhaupt – nur die Aufrundung zum nächsten ganzen Franken umfasst. Die Grundtaxe liegt in Zürich bei 6 Franken, der Kilometerpreis bei etwa 3,80 Franken. Für Gepäck wird ein Zuschlag von 2 Franken pro Stück erhoben. Ein Taxi warten zu lassen kostet 65 Franken pro Stunde. Dem Problem der hohen Taxipreise – so es für Sie eins ist – können Sie wiederum mit der SBB-Monatskarte ausweichen. Darin sind nämlich die öffentlichen Verkehrsmittel in dreissig Städten mit eingeschlossen.

Epidemisch ausgebreitet haben sich in den letzten Jahren die *Verkehrsverbünde, Umweltabos* zu günstigen Preisen. Im Gegenzug werden Disziplinierungsmassnahmen ergriffen wie Temposchwellen für Autofahrer. Den Dschungel von Vergünstigungen für *Anschlussbillette*, halb angerechneten Halbtax-Karten (ungefähr 25 Prozent Rabatt), *Tageskarten* für Stadtgebiete und schliesslich das Verwirrspiel an Schnittstellen verschiedener Verkehrsverbünde gehen Sie am besten mit der Gelassenheit eines buddhistischen Mönches an. Da kennt sich kaum einer aus, und wer den Durchblick hat, kann's nicht erklären. Erschwerend wirken sich unterschiedliche Handhabungen ein und derselben Idee in den verschiedenen Städten aus. Das Gefühl, womöglich zuviel bezahlt zu haben, wird Sie nicht loslassen.

Dass in der Schweiz keine U-Bahnen zu finden sind – die Bevölkerung von Zürich lehnte Anfang der siebziger Jahre per Abstimmung den Kredit für eine U-Bahn ab –, hat wie alles hier und in der Welt zwei Seiten. Zwar scheint Ihnen bei den ersten Fahrten das Vorwärtskommen im Tram ätzend langsam. Das ewige Anfahren und Abbremsen wegen Fussgängern, Velofahrern, Autos und Haltestellen geht Ihnen auf die Nerven. Muss es aber nicht. Denn Sie werden nicht wie in Paris zu den Ratten gepackt, wenn Sie irgendwohin wollen. Nehmen Sie jede Tram- oder Busfahrt als kleine Sightseeing-Tour, und schon gewinnen die gemächlichen, in Kurven meist laut quietschenden Vehikel (geplagte Anwohner können beim ÖV (Öffentlichen Verkehr) Ölkännchen holen, um ab und an die Kurve vor dem Schlafzimmerfenster zu ölen) an Attraktivität. Vergessen Sie nicht: Auch Zürich ist relativ klein. Die Entfernungen im Stadtgebiet sind mit dem ÖV gut zu absolvieren. Fahr- und Stadtpläne lassen im Allgemeinen wenig Wünsche offen.

Ähnliche Heiterkeit wie die SBB mit ihren Durchsagen könnte die *Leitstelle der Züri Linie-VBZ* auslösen. Die hier ist noch harmlos, kann Sie aber jederzeit treffen: »Fiiyp! Leitstelle; Zeitansage: achtzehnuhr*fünf*unddreissig; fiiiyyp!« Dann checken die Gäste ihre Armbanduhren und blicken wieder verträumt drein wie zuvor. Das geht schon eher an die Nerven: »Information der Züri-Linie.« Am Tonfall lässt sich jeweils erahnen, ob's gute oder schlechte Nachrichten gibt: »Kollision in der Weinbergstrasse.« Sofort überschlagen, ob Sie das betrifft. »Der Trambetrieb ist in beiden Richtungen gesperrt.« Wollte wohl wieder so ein Idiot mit seinem Golf GTI gerade noch vorne hindurchschlüpfen und liegt jetzt eingekeilt zwischen zwei weissblauen Monstern. »Die Linien 7 und 15 werden wie folgt umgeleitet:« laberlaber. »Zwischen Schaffhauserplatz und Central werden Autobusse eingesetzt. Mit Wartezeiten muss gerechnet werden. Wir bitten um Verständnis.« Was wie eine mittlere Katastrophe klingt, kann sich schon fünf Minuten später als »Die Weinbergstrasse ist wieder frei, die Linien 7 und 15 können wieder in beiden Richtungen normal befahren werden. Wir danken für Ihr Verständnis« entpuppen. Wenn nicht, droht schnell einmal der Tramkollaps »in der Innenstadt«. Das ist der Preis für allerlei ebenerdigen Verkehr. Auch bei den Trams empfehlen wir Ihnen: nicht rennen! Das stellt Anforderungen an die Selbstdisziplin. Wenn Sie nämlich Ihr Tram nahen sehen und nur noch über die Strasse zu hetzen brauchen, das *Münz* schon parat, schliesslich einen Fuss auf dem Trittbrett, damit die Tür nicht schliesst, den Körper elegant im Halbspagat, mit spitzen Fingern den Münzschlitz fütternd – hoppla, ein Fränkler auf den Boden; die Nervosität –, dann sind Ihnen nicht nur böse Blicke der Passagiere gewiss, sondern auch ein Kommentar des Wagenführers, dessen charmanteste Version etwa »So, sind wir alle da?« lauten könnte.

Schwer kalkulierbar ist das Risiko für alle, die in den Städten aufs Velo nicht verzichten wollen. Zwar greifen auch da *Radstreifen* (Fahrradwege) um sich, aber der Platz dafür wurde häufig den Fussgängern abgeknapst. Sind Sie also der Konfrontation mit den Autos glücklich entronnen, müssen Sie sich im Slalom um flanierende oder gestresste Passanten üben. Das Verhältnis zwischen Radlern und Fussgängern ist entsprechend gespannt. Gute Velopläne sind von fast der ganzen Schweiz zu haben.

In den letzten Jahren erlebte die Schweiz einen Veloboom. Velowege und -karten, Broschüren mit Tourenvorschlägen und ein *Bike-Magazin* tragen der Tretlust Rechnung und informieren Sie über die schönsten Strecken im 6000 Kilometer umfassenden Velowegnetz. Sie werden unter den Fahrzeugen die unglaublichsten Selbstkonstruktionen entdecken und selbstverständlich *en masse* schöne, teure Qualitätsräder. Aufgepasst: Der gewerbsmässige Veloklau grassiert landesweit. Ketten Sie Ihr Rad nach Möglichkeit an Pfosten oder Geländer. Ein besonderes Kapitel wären die Mountainbikes wert, mit einem Schwerpunkt über die Kommunikationsformen zwischen Wanderern und Bikern. Es scheint ganz so, als ob mancher, der im Winter zu selten auf Skiern am Hang stand, dies im Sommer auf breiten Reifen nachholen möchte. Da wird zu Tal gerasselt, dass die Steine spritzen, oder tief über den Lenker gebeugt hinaufgestrampelt, wo die Saumpfade nur für Kühe und Fussgänger gedacht waren. Eine Lösung dieses Verkehrsproblems ist nicht in Sicht.

Nun zum Auto, wenn's denn sein muss: Wir nehmen an, dass Sie mit dem eigenen Wagen kommen. Andernfalls sollte Ihnen ein Leihwagen keine Probleme bereiten, so Sie über das nötige Kleingeld beziehungsweise eine Kreditkarte verfügen.

Versuchen Sie nicht, Ihre Essensvorräte für Ihre Campingferien mitzubringen. Vor allem beim Frischfleisch, das in der Schweiz etwa doppelt so teuer ist, drückt kein Zöllner, der Sie mit mehr als 500 Gramm pro Person erwischt, ein Auge zu. Neben einer Busse müssen Sie das fleischliche Übergewicht an der Grenze zur Vernichtung zurücklassen. Ein Liter Hochprozentiges, zwei Liter Wein und eine Stange Zigaretten sind zollfrei – und 500 Gramm Butter.

Noch an der Grenze werden Sie eine Autobahnvignette für 40 Franken erstehen und an die Windschutzscheibe kleben (bei der Ausreise abkratzen und weiterveräussern gelingt höchstens Chirurgen) und gleich anschliessend sich daran gewöhnen müssen, dass auf Autobahnen die Geschwindigkeitsbegrenzung bei 120 Stundenkilometern liegt (auf Landstrassen 80 km/h, in Ortschaften 50 km/h), die aber von den Schweizern im Allgemeinen nicht sehr diszipliniert eingehalten wird. Es gilt Anschnallpflicht, in den Städten haben Trams prinzipiell *Vortritt* (Vorfahrt), mit Spikes darf generell bis Ende März gefahren werden, bei Pannen hilft der Notfalldienst über Telefonnummer 140. Bei Unfällen mit Personenschaden müssen Sie die Polizei einschalten (Tel. 117). Nullkommafünf Promille ist die erlaubte Alkoholmenge im Blut, doch kann bei Unfällen auch eine kleinere Menge gegen Sie verwendet werden. Soviel zum Pflichtstoff.

Und nun die unumgängliche Kür: Die Schweizer Automobilisten sind ein Heer von Lehrern. Es kann schon mal passieren, dass Sie das Risiko einer – von Kanton zu Kanton verschieden saftigen und sofort zu bezahlenden – Busse eingehen, bis Sie sich auf der Überholspur einem Wagen nähern, der korrekte 120 fährt, dessen Fahrer aber nicht auf Ihr nervöses Lichthupen reagiert und auf der linken Spur bleibt, *weil, wenn 120 isch, dänn fahrt mä höchschtens 120, auch du da hinde, du Arschloch!*

Sie werden ständig belehrt werden. Wenden Sie Ihren Wagen über eine Sicherheitslinie hinweg, sind Sie ohne zu blinken abgebogen oder haben die Spur gewechselt, sind Sie in eine Kreuzung hineingefahren, obwohl Sie doch *vertamisiechnomal* hätten sehen müssen, dass Sie nicht rüber können und jetzt den Verkehr von der anderen Seite blockieren, fahren Sie ein wenig langsamer, weil Sie nach etwas Ausschau halten, haben Sie jemanden rechts überholt, sind Sie an der Kreuzung noch nicht angefahren, obwohl schon an die drei Sekunden das *Lichtsignal* (die Ampel) auf Grün geschaltet hat, haben Sie gar mit *übersetzter* (erhöhter) Geschwindigkeit jemanden überholt – spätestens im letzten Fall können wir für Ihre Sicherheit nicht im Geringsten garantieren. Sie bekommen mindestens mittels Zeichen einen Schnellkurs in richtigem Verhalten im Verkehr.

Der Schweizer Autofahrer vereint pariserischere Aggressivität mit deutscher Rechthaberei und ergänzt sie mit schweizerischer Rücksichtslosigkeit. Auf den Strassen holen die Schweizer nach, was sie in ein paar Jahrhunderten Frieden verpasst haben. Versuchen Sie sich damit abzufinden, lächeln Sie gewinnend und nicken Sie.

Totale Aufmerksamkeit ist gefordert, rundum. Müssen Sie in Italien lediglich alles im Auge haben, was vor Ihnen passiert – Auffahrunfälle gehen in jedem Fall auf Ihre Kappe –, haben Sie in der Schweiz bis weit hinter Ihren Wagen hinaus Verantwortung zu übernehmen. Jeder scheint von der perfekten Fahrweise aller anderen – man ist ja selbst der Massstab – auszugehen. Wer Fehler macht, wird wie in einem Rudel Wölfe kurz gebissen und dergestalt diszipliniert. Vor allem in den Städten kommt Zaudern schlecht an. Sie müssen immer wissen, wohin Sie wollen. Ihr deutsches Nummernschild trägt Ihnen kein Jota Nachsicht ein, im Gegenteil.

Auf Schweizer Strassen gilt das Gewohnheitsrecht, und das bricht auch schon mal die offiziellen Verkehrsregeln beziehungsweise Ihren Kotflügel. Interessant ist dieses Faktum beim Thema Vorfahrt. Die Vorfahrt wird entweder durch entsprechende Schilder oder aber dadurch angezeigt, dass Ihr von links oder rechts kommender Konkurrent (Feind) weisse haifischzahnartige Zacken an der Einmündung der von ihm befahrenen Strasse vorfindet. Ansonsten gilt rechts vor links, sollte man denken. Aber nicht nur, dass es eine faszinierende Art der Strassenzusammenführung mit schräg von rechts hinten einmündenden Strassen gibt (bremsen oder nicht bremsen, das ist hier die Frage). Zur Abwechslung münden auch Strässchen, die weder Stoppschilder noch Vorfahrt-Achten-Schilder, noch Haifischzähne zieren, in grössere Strassen ein. Davor und dahinter befinden sich Strasseneinmündungen, an denen Sie klar Vorfahrt haben, an denen dazwischen aber – nicht. Was tun? Langsam fahren, eventuell bremsen und Vorfahrt gewähren? Damit handeln Sie sich Hupen, Auffahrunfälle und eine verständnislose, verächtliche Grimasse bei dem Begünstigten ein. Durchpreschen wie die anderen auch? Das gibt, wenn Sie Pech haben, einen prima Blechschaden oder Schlimmeres. Schuld jedenfalls sind Sie. Kommen Sie aber aus der vorfahrtberechtigten, gewohnheitsrechtlich jedoch untergeordneten Strasse und sind einigermassen risikofreudig, können Sie ja mal ausprobieren, was Ihr Wagen einer Schweizer Versicherung noch wert ist. (Jene, die solche Unfälle bewusst provozieren, erzählen dann stolz am Stammtisch, sie hätten ihre »alte Schwarte dem Erstbietenden verkauft«.)

Der notorischen Parkplatzknappheit in Städten können Sie hingegen dank Ihrem Nummernschild relativ gelassen begegnen, es sei denn, Sie wollen irgendwann in die Schweiz zurückkehren. Bezahlen Sie die mindestens 40 Franken nämlich nicht, kommen Sie auf eine schwarze Liste. Erwischt Sie die Polizei ein weiteres Mal, hindert Sie ein *Radschuh* am Wegfahren, bis Sie sämtliche Schulden beglichen haben. Noch schwieriger zu kneifen wird's, wenn Sie von der Polizei *in flagranti* erwischt werden, insbesondere wenn Sie auf dem Gehsteig Zuflucht gefunden haben. Taucht der Polizist oder eine Politesse (eigentlich das französische Wort für Höflichkeit) neben Ihnen auf und behauptet, Sie hätten *mit dem Pneu auf dem Trottoir parkiert* (mit einem Reifen auf dem Gehsteig geparkt), bleibt Ihnen nur verständnisvolles Zustimmen und Wegfahren. Sollten Sie sich einen Moment unbeobachtet gefühlt haben, dürfen Sie mit der unter den Scheibenwischer geklemmten Warnung rechnen, wonach Sie ein erboster Privataufpasser *im Wieder-*

holungsfall leider *verzeigen* (anzeigen) zu müssen glaubt. Korrektheit ist hier tief verinnerlicht. Lässt's der Giftling bei einer schriftlichen Mahnung bewenden, darf Sie Dankbarkeit durchströmen. Die Stimmung zwischen Automobilisten und den anderen Verkehrsteilnehmern ist mindestens getrübt. Trösten Sie sich über Gifteleien, dass der Kommentar für Ihr Falschparken auch in den Lack der Kühlerhaube hätte geritzt werden können.

Dem Parkproblem in Städten wird verschiedenenorts mit *Park-&-Ride*-Anlagen begegnet, wo Sie für verhältnismässig wenig Geld Ihr Auto stehenlassen und aufs Tram umsteigen können. In den Innenstädten sind die Parkhäuser teilweise so teuer, dass Sie ein Strafzettel unter Umständen billiger kommt. Aber Achtung: In der Schweiz wird der *ruhende Verkehr* gut beobachtet. Mit den Bussgeldern versuchen vor allem die Städte ihre Defizite zu senken, denn die Tarife sind happig: Erwischtwerden vorausgesetzt, bezahlen Sie 250 Franken fürs Missachten eines *Rotlichts* (das hat genau so wenig mit dem Milieu zu tun wie das Schweizer *Puff*, ist lediglich eine Ampel auf Rot) und 100 Franken fürs Telefonieren beim Autofahren. Parken auf dem Gehsteig kostet 120 Franken, und wer innerorts 15 km/h zu schnell fährt, bezahlt 250 Franken.

Im Grossen und Ganzen sollte Ihnen das Autofahren in der Schweiz wenig Mühe bereiten. Alles ist gut bis übertrieben detailliert beschildert, der Zustand der Strassen meist vorbildlich, die *Hallwag-Kümmerly-&-Frey*-Karten lassen keine Wünsche offen, wo es zu Staus kommt, erzählen Ihnen Radio DRS (weissblaue Schilder am Strassenrand informieren Sie über die Frequenzen) und die verschiedenen Lokalradios – wobei die Berge den Empfang stören können. Die Reichweite der UKW-Transmitter ist im hügeligen Gelände begrenzt, Sie müssen ständig nach einem neuen Sender suchen.

Detailinformationen können Sie sich bei dem etablierten *Automobilclub* (ACS) und dem *Touring Club* (TCS), aber auch beim grün-alternativen *Verkehrsclub der Schweiz* (VCS) besorgen. Der VCS wird Ihnen vor allem beim Verzicht aufs Auto helfen.

Es will gut überlegt und vorbereitet sein, wenn Sie sich im Passstrassenfahren versuchen wollen. Wählen Sie auf jeden Fall einen Wochentag. Sie sind nämlich nicht der Einzige, der den Genuss für sich beansprucht, an steil abfallenden Schluchten entlangzustinken. Töff- und Velofahrer können Ihnen in Kurven Schrecksekunden bereiten oder an den Nerven zerren und zehren, wenn sie im Schneckentempo den *Klausen* hinaufkneten und wegen des Gegenverkehrs nicht überholt werden können. Passstrassen wählt man ohnehin nur, wenn der Weg das Ziel ist. Autowandern sozusagen. Eine bequeme Sache.

Diese Bequemlichkeit haben auch die Radfahrer entdeckt. Immer mehr lassen sich mit SBB oder Privatbahnen auf Pässe hinauffahren, um dann zwei- bis dreistündige Abfahrten zu geniessen. Gerade auf der Alpensüdseite ist der Trip vom kalten, vielleicht noch schneebedeckten Bergmassiv hinunter ins mediterrane Klima am Lago Maggiore besonders eindrucksvoll.

Fahrräder verladen – gut und recht. Aber Autos? Auch das greift um sich. Sie können Ihren Wagen ab Bremen, Hamburg, Düsseldorf, Hannover nach Lörrach, Chur, Chiasso, Domodossola verladen. In der Schweiz bieten sich Bergpassagen durch Simplon, Lötschberg, Furka, Albula und Vereina an. Wie Sie reisen, sollte sich vorrangig nach den klimatischen Verhältnissen und damit dem Strassenzustand richten. Gerade in Frühling und Herbst kann von einem Tag zum anderen ein Pass gesperrt sein. Im Zuge der Umweltschutzdiskussionen kehrte man in der Schweiz der *Schwarzräumung* vermehrt den Rücken, zu deutsch: Es wird weniger Salz gestreut, was einerseits von den Autofahrern erhöhte Aufmerksamkeit verlangt, andererseits die Qualität des Fahrmaterials weniger beeinträchtigt.

Der Zustand der Schweizer Autos ist im Schnitt sehr gut, die Palette der Typen breit, da die Schweiz keine eigene Autoindustrie hat. Alle drei Jahre müssen die Kraftfahrzeuge durch den TÜV, der in der Schweiz *Fahrzeugkontrolle* heisst. Die Fahrzeuge werden zeitig zum Vorführen aufgeboten.

Sollten Sie irgendjemandes Liebstes leicht zerkratzt oder angeschrammt haben, nehmen Sie das Problem ernst. Da ist nichts mit französischer *légèreté*, »macht nichts, der Wagen fährt ja noch einwandfrei«. Eine angebeulte Stossstange ist für deren Besitzer mit grosser Wahrscheinlichkeit die absolute Katastrophe, denn die Fahrzeugkontrolle achtet nicht nur auf die inneren Werte. Füllen Sie also brav das Unfallprotokoll aus, wehren Sie sich nicht dagegen, dass der Geschädigte die Polizei ruft. Die Schweizer Polizisten, die von Kanton zu Kanton verschiedene Uniformen tragen, wollen Sie vielleicht bestrafen, vor allem aber belehren, am liebsten mit Suggestivfragen. »Ja, haben Sie nicht gewusst, dass man in der Schweiz nicht über 80 fährt?« Geben Sie besser nicht zu, dass Sie's gewusst haben. Das schnippisch-kühle »Und warum mached Si's dänn!?« ist kaum zu ertragen.

Wie innig das Verhältnis vieler Schweizer zu ihrer Blechkiste ist, lässt sich nicht zuletzt an der Gründung der Autopartei mit ihrem beachtlichen Erfolg ablesen. Obwohl die Autopartei (unterdessen umbenannt in Freiheits-Partei – die Freiheitlichen) vorwiegend in der Deutschschweiz ihre Anhänger findet, gelten die Romands und Tessiner als noch autoversessener. Bei Diskussionen um Gurtzwang, Tempolimit, Katalysator – der für neue Autos obligatorisch ist – und Strassenbauvorhaben öffnet sich regelmässig der Graben zwischen Deutschschweiz und Romandie. Ob die Romands dem Ruf gerecht werden, schneller (und besser) als die Deutschschweizer zu fahren, das zu beurteilen, wollen wir Ihnen überlassen.

Darüber, ob der Schweizer Spass versteht, lässt sich streiten. Beim Auto jedenfalls ist das keine Frage. Machen Sie keine Witze darüber, dass die Schweizer jeden Samstag ihr Auto waschen, oder höchstens mit dem Hinweis, dass das in Deutschland nicht viel anders sei.

Ob Ihre Entscheidung zugunsten von Auto oder Bahn ausfällt, ändert wenig daran, dass Sie gelegentlich zu Fuss gehen werden. Auf dem *Fussgängerstreifen* wird das Problem der Überalterung der Schweiz gelöst. Es gilt die Regel, dass die Fussgänger Vortritt haben – halten Sie sich nicht daran, wenn Ihnen Ihr Leben lieb ist. Nirgends benimmt sich der Schweizer Autofahrer rüpelhafter als am Zebrastreifen. Wenn Sie dem herannahenden Automobilisten nicht schon von Weitem mittels der internationalen Schülerlotsenzeichensprache signalisieren, dass Sie von Ihrem Recht, die Strasse ohne unmittelbare Lebensgefahr zu überqueren, überraschenderweise Gebrauch machen wollen, können Sie am Fussgängerstreifen warten, bis Sie Wurzeln schlagen. Wenn Sie Ihrerseits im Auto sitzen und der lästigen Angewohnheit frönen, ausser für Igel auch für Menschen zu bremsen, werden Sie – so es die Strassenbreite zulässt – sicher von einem Schweizer Automobilisten selbst am Zebrastreifen flott überholt. (Nach ein paar gesundheitsgefährdenden Erlebnissen an Schweizer Zebrastreifen werden Sie zu Hause den liebenswerten Hallo-Partner-Danke-schön-Charme der deutschen Autofahrer zu preisen wissen.)

Fussgänger gehören schliesslich nicht auf Streifen, sondern auf Wege. Die 150000 Kilometer Wanderwege (kein Druckfehler) erfreuen sich der Pflege des Bundes, zu der dieser kraft eines Verfassungszusatzes (dank einer erfolgreichen Volksinitiative) verpflichtet ist. Daher treffen Sie auch im Niemandsland zwischen Piz Rosatsch und Piz Corvatsch auf gelbe Wegweiser, die Ihnen die Wege zur Alp Misaun, nach Pontresina oder St. Moritz und Silvaplana zeigen inklusive voraussichtlicher Wanderzeit. Karten mit rot eingezeichneten Wanderwegen finden Sie an jedem grösseren Kiosk, in Buchhandlungen oder bei der Arbeitsgemeinschaft für Wanderwege. Nur total *Angefressenen* (wie in der Schweiz die Fanatiker heissen) ist die Alpenrandroute von Boden- bis Genfersee zu empfehlen. Auf diesen etwa 300 Kilometern – das ist das Positive – haben Sie relativ wenig Höhenunterschied zu überwinden. Wollen Sie höher hinaus, wenden Sie sich besser an Spezialisten der *Schweizer Verkehrsbüros* (in Frankfurt und München oder in jeder grösseren Schweizer Stadt), die Ihnen mit Tipps, Karten, Prospekten und Kontakten zum *Schweizerischen Alpenclub* (SAC) dienen können. Der SAC unterhält in den Bergen etwa 150 Hütten, die als Übernachtungsmöglichkeiten für Hochgebirgswanderer ideal sind. Dort gilt besonders, was an jedem Rastplatz und Seeufer von Ihnen verlangt wird: *Verlassen Sie diesen Ort so, wie Sie ihn anzutreffen wünschen.* Dagegen lässt sich nichts einwenden.

Den Flugverkehr haben wir in unserem Verkehrskapitel ausgespart, weil wir nicht recht glauben mögen, dass Sie per Düsenjet in die Schweiz reisen. Trotzdem ein paar Zeilen über die *Swissair*, ehemals ein Lieblingskind der Schweizer. Zur Swissair hatten viele ein ähnlich verklärtes Verhältnis wie zur Schweizer Armee im Zweiten Weltkrieg. Ihr weltweites Renommee erfüllte jene mit Stolz, die gerne auf Schweizer Präzisionsuhren und Turbinen verweisen, wenn sie Schweizer Qualität einen Namen geben wollen. Doch seit die Swissair 2001 in Konkurs ging, kennt jedes Kind das schreckliche Wort »Grounding« (wenn kein Flugzeug mehr abheben darf) und glaubt nicht mehr alles, was die Eltern erzählen. (Filmtipp: *Grounding* von Michael Steiner). Auch die Nachfolgefluggesellschaft *Swiss* hatte von Beginn weg mit Defiziten zu kämpfen. Die Swiss ist unterdessen Junior-Partner der Lufthansa geworden. Die Bezeichnung »Lufthansa-Süd« wurde mit Empörung aufgenommen. Der Niedergang der Swissair führte zu einem gigantischen Prozess gegen das Kader dieser Grossfirma. Konzernleiter, Finanzchefin, Verwaltungsräte – alle wurden vor Gericht gezogen und nach endlosen Plädoyers und verweigerten Befragungen freigesprochen. Inkompetenz, so die Begründung, sei nicht strafbar. Tatsache bleibt, dass jeder, der für die grösste Firmenpleite der Schweiz mitverantwortlich gemacht wird, faktisch aus dem Wirtschaftsleben hinaus katapultiert, wenn nicht sogar ruiniert wurde. Klar bezahlte diese Verhandlung dieselbe Öffentlichkeit, die schon den Neustart der Swiss finanzierte. Neueste Zahlen zeigen überdies: Seit die Swiss der Lufthansa gehört, hebt sie finanziell ab.

Zum Verkehr zählen wir auch die Post. 1991 entzündete die Post mit der Einführung der verschieden schnellen A- und B-Post heisse Diskussionen. Der Umgang mit der Post ist so einfach, wie Sie sich das vorstellen. Sind Sie sich der Frankierung nicht ganz sicher, können Sie den Brief trotzdem einwerfen, vorausgesetzt, Sie leben in der Schweiz und können eine Absenderadresse auf dem Umschlag angeben. Meist wird nämlich auch ein unterfrankierter Brief befördert, und Sie bekommen eine Karte zugestellt, auf der Sie höflich, aber bestimmt die auf dem Brief fehlenden Marken zu kleben eingeladen, zuzüglich einer Gebühr von –,50, und selbige Karte wieder an die Post abzuschicken gebeten werden. (Alles klar?)

Die Bedienung der öffentlichen Telefone ist einfach und in jeder Kabine in vier Sprachen erklärt. Je länger, je weniger werden Sie Kleingeld benötigen, und wenn Sie's haben, nützt's nichts: Die Mehrzahl der Kabinen ist mit Apparaten ausgerüstet, die nur noch mit *Taxcards* für 5, 10 oder 20 Franken funktionieren. Sie können problemlos von jedem Apparat ins Ausland telefonieren. Alle öffentlichen Telefone haben eine eigene Nummer. Sie können sich also zurückrufen lassen (Vorwahl in die Schweiz 0041). Doch vielleicht finden Sie gar keine Telefonkabine. Die sogenannten *Publifone* sind nämlich am Aussterben. Obwohl sie als *service public* zur Grundversorgung gehören, sind von den 13 000 im Jahr 1998 nicht mal mehr 5 000 übrig. Seit die Telekommunikation privatisiert ist, purzeln die Preise. Über die Tarife und wie Sie diese am besten vergleichen, müssen Sie sich täglich neu orientieren. Aber grundsätzlich müssen Sie davon ausgehen, dass auch beim Telefonieren Kosten anfallen, die – gelinde gesagt – gewöhnungsbedürftig sind. Auch der Geldverkehr sollte Ihnen keine Schwierigkeiten bereiten. Ihren Euro können Sie nicht nur in Banken (übliche Öffnungszeiten: 8.30 Uhr bis 16.30 Uhr, samstags sowie über Mittag geschlossen) und Wechselstuben, sondern ebenso gut in Hotels wechseln. Die Kurse sind etwas schlechter. Dazu kommen neuerdings automatische Geldwechselautomaten in Grenznähe und an Bahnhöfen. Euros werden vielerorts angenommen.

Sie können unbeschränkt Devisen einführen – wer hätte das gedacht? – und hier verbrauchen oder auf Konti anlegen. Irgendeine der 2578 Niederlassungen *(Filialen)* sollte ständig in Sichtweite sein. Der Geldfluss in die Schweiz zwecks ›Steueroptimierung‹ war allerdings auch schon unproblematischer. Für die Schlaumeierei der Schweizer, zwischen ›Steuerhinterziehung‹ und ›Steuerbetrug‹ einen Unterschied zu machen und je nachdem einer ausländischen Steuerbehörde bei den Ermittlungen zu helfen, haben immer weniger Länder Verständnis. So setzte die OECD die Schweiz auf die schwarze (später ›graue‹) Liste der unkooperativen Steueroasen und der damalige deutsche Finanzminister Peer Steinbrück wetterte laut und metaphernreich. Dass er mit der »Peitsche« drohte und die »Kavallerie« auffahren lassen wollte, verstimmte die Schweizer, was ihnen aber auch nicht viel half. Denn die USA hebelten gleichzeitig, kurzerhand und nachhaltig mit einem Verfahren gegen die grosse UBS das Bankgeheimnis aus. Darauf machte Frankreich Druck und Italien lockte mit Steueramnestien Gelder der Steuerhinterzieher zurück. Resultat: Der Schweizer Finanzplatz steht zunehmend unter Druck und die Regierung wundert sich, dass die netten Schweizer so unfreundlich behandelt werden. Steinbrücks Verbalattacken wirkten im Nachhinein wie das warnende Gänsegeschnatter vor einem Erdbeben.

Denn mit der Selbstsicherheit des Schweizer Bundesrats (»Am Schweizer Bankgeheimnis werden sich die ausländischen Behörden die Zähne ausbeissen.«) war es schnell vorbei, als verschiedene deutsche Bundesländer dank gekauften CDs mit Kundendaten auf deutsche Steuerhinterzieher und damit auch auf verschiedene Schweizer Banken Druck machten. Das US-Finanzamt ging noch mehrere Schritte weiter. Einzelne Banker wurden in den USA inhaftiert und so lange gefangen gehalten, bis diese kooperierten und Daten von amerikanischen Steuersündern offen legten – aber auch, mit welchen Konstruktionen die Banken aktiv beim Steuerhinterziehen halfen. Das Schweizer Bankgeheimnis ist spätestens seit dem FATCA-Abkommen mit den USA Mitte 2014 Geschichte. Die Verteidigungslinien der Schweizer Banken haben sich deshalb verschoben. Denn mit den gekauften Daten machen auch deutsche Steuerbehörden Druck, was dazu führt, dass auch Schweizer Banken von ihren deutschen Kunden Belege dafür verlangen, dass das Geld auch tatsächlich versteuert wurde. Nun dürfte selbst die Verhinderung des automatischen Datenaustausches mit allen EU-Staaten nicht gelingen. USA und EU diktieren den Schweizer Banken immer detaillierter, wo's lang geht.

Sind Sie bedient? –
Essen und trinken

Arm sein in der Schweiz muss schrecklich sein. Man dürfte sich in etwa so fühlen wie ein Obdachloser in der Lebensmittelabteilung des KaDeWe. Wobei hinzuzufügen wäre, dass manche Lebensmittelabteilung des preiswerten *Migros*-Konzerns sich hinter dem KaDeWe nicht verstecken muss.

Apropos Migros (sprich: Migro): Die Geschichte der grössten Detailhandelskette des Landes muss kurz erzählt sein. 1925 hat sie mit fünf Lastwagen voller Waren – vor allem Seife – ihren Anfang genommen und ist heute ein Betrieb, der jährlich einen Umsatz von etwa 27 Milliarden Franken erwirtschaftet, sich einen Marktanteil von zirka 20,4 Prozent erkämpft hat, 97 500 Personen beschäftigt und noch immer dem Volk gehört. Eineinhalb Millionen Genossenschaftler sind theoretische Besitzer dieses VEB, den Gottlieb Duttweiler ins Leben gerufen hat. Ihm erschien die Distanz zwischen Produzent und

Konsument räumlich wie handelstechnisch zu gross. Zu viele Zwischenhändler, zu lange Wege bis zur Kundin. Mit seinen *Mi*(halb)*gros*(grossist)-Wagen unter dem Symbol der Brücke (die die Überbrückung des preistreibenden Zwischenhandels versinnbildlichen sollte) reiste er den Käufern nach und hatte dank seinen Niedrigpreisen bald viele Freunde und Feinde. Da Hersteller von Markenprodukten den pfiffigen Unternehmer zu boykottieren begannen, musste er selbst produzieren, was Wachstum und Diversifizierung der Migros nur beschleunigte. Dabei ging Duttweiler nach einem einfachen Prinzip vor: Jeder erfolgreiche Markenartikel muss möglichst gut kopiert werden, der Name darf sich ans Original anlehnen. Schwierigkeiten bekam die Migros beispielsweise, als sie den koffeinfreien Kaffee *Zaun* taufte. Dazu muss man wissen, dass ein *Hag* auf Schweizerdeutsch tatsächlich ein Zaun ist. Die Migros wurde verklagt, gewann aber den Prozess.

Im Übrigen schrecken die Migros-Produktebenamser vor keiner Schrecklichkeit zurück: *Hopp hopp* und *Potz* für Putzmittel, *Handy* (Spülmittel), *Hopi* (Badreiniger), *Brilla* (Möbelpolitur), *Bellecolor* (Farbstifte), *Happy-Dog* und *-Cat* (-Futter) und am allerliebsten *M-* oder *Mio-*irgendwas. *Miocoll* (Leim), *Miosoft* (Wegwerfwindeln), *M-Tapino* (Teppichroller), *M-fresh* (Lufterfrischer), *Milette* (Windeln), *M-office* (Papier, Kuverts etc.), *M-electronic* (Apparate und Kassetten) oder *Grill-mi* für alle Fleischprodukte, die sich fürs Grillieren eignen sollen. Die Namen müssen auch so gewählt werden, dass sie in allen Landessprachen funktionieren, deshalb sind Umlaute tabu. Die M-Kopien – gerade auf dem Kosmetiksektor – hinken qualitativ selten hinter den Originalen her, behaupten Warentests. Preislich sind sie um einiges günstiger.

Dazu kommen noch *Migrol*-Tankstellen, mit denen Duttweiler in einem harten Kampf die Benzinpreise um etwa 25 Prozent senkte, die *Migros-Bank, Hotelplan* (Reisebüro), *Do it yourself* (Holz, Autozubehör, Farben etc.), *Mícasa* (Möbel), *Secura* (Versicherung), die Wochenzeitung *Migros Magazin* mit einer Auflage von 1,5 Millionen und *Ex Libris* (Bücher und Schallplatten) sowie die *Migros-Clubschulen*, in denen getanzt und getöpfert wird, Sprachen gelernt werden und die *Kulturellen Aktionen MGB*, die Konzerte, Ausstellungen, Theater und anderes umfassen. Das *Migros Magazin* ist für Genossenschaftler gratis, Migros-Clubschulen sind kein Geschäft. Müssen sie auch nicht sein. Duttweiler hat in den Statuten festgelegt, dass ein Prozent des Umsatzes – nicht etwa des Gewinns – für kulturelle und soziale Zwecke eingesetzt werden muss. Mit etwa 250 Millionen Franken jährlich ist Migros mit Abstand der grösste Sponsor in diesem Bereich. Das »soziale Kapital« zu vertreten nahm Duttweiler für sich in Anspruch und gründete eine politische Partei (den *Landesring der Unabhängigen*), die aber über ein paar Achtungserfolge nie hinausgelangte und im Jahr 2000 wieder aufgelöst wurde. Im Parlament erregte Duttweiler immer wieder Aufsehen, unter anderem, als er nach seinem verlorenen Kampf um den obligatorischen Notvorrat ein paar Fenster im Bundeshaus einwarf.

Auch im Umweltschutz will sich die Migros engagieren, verzichtet beispielsweise konsequent auf Getränke in Aludosen und Einwegglasflaschen und senkte den Phosphatgehalt von Waschmitteln, als dies noch nicht gesetzlich vorgeschrieben war.

Hat die Migros also überall die Finger drin? Nicht ganz. Ebenfalls wegen Gottlieb Duttweiler verzichtet die Migros vielleicht auf eine knappe Verdoppelung des Umsatzes: Alkohol und Tabak sucht man vergeblich im Sortiment – dafür steht neben jedem grösseren Migros-Markt (MM) ein *Denner Discount* (DD), der in Drogenfragen gerne in die Lücke springt und im Jahr 2007 von der Migros trotz ein paar Auflagen der WEKO (Wettbewerbskommission) übernommen wurde. So bleibt die Migros in Alkohol- und Tabakfragen sauber und verdient über die Tochterfirma doch mit. Ganz so rein und volksnah, wie es nun den Anschein hat, ist der Migros-Genossenschaftsbund allerdings nicht. Bei einem Riesenkonzern wie diesem musste sich irgendwann auch Opposition in den eigenen Reihen regen oder mindestens das Bedürfnis, die Rechte in der an sich demokratischen Struktur wahrzunehmen. Dieses Ansinnen bekam den Anhängern des *Migros-Frühlings* jedoch schlecht. Mit Diffamierungskampagnen unter dem eigenen Personal – das nicht gerade mit Spitzenlöhnen verwöhnt wird – und in der Presse machte die Migros-Chefetage die Kritiker schnell mundtot. Einer der härtesten Kritiker ist Hans A. Pestalozzi, der seit seinem Rauswurf bei der Migros vor allem als Publizist von sich reden macht und keinesfalls als Aussteiger gelten will.

Neben der Migros ist das Angebot in Schweizer Geschäften lückenlos, aber meist teurer als anderswo. Fleisch beispielsweise kann das Doppelte kosten wie in Deutschland, da die billigen EU-Importe weitgehend verhindert werden. Wegen der vielen Einwanderer sind italienische, türkische und in grösseren Städten auch chinesische, thailändische und andere spezielle Lebensmittelgeschäfte zu finden, die nicht zuletzt deshalb überleben, weil die Schweizer gerne mal etwas Exotisches kochen. Überdies ist dort das Fleisch häufig billiger und gar nicht mal schlechter.

Die Geschäftszeiten sind von Kanton zu Kanton verschieden. Im Allgemeinen haben die Läden von 8.00 bis 18.30 Uhr geöffnet. Am Donnerstag oder Freitag besteht die Chance des *Abendverkaufs* bis 21 Uhr, wobei auch in Gegenden »mit« nicht alle so lange geöffnet halten. Basel und Genf haben beispielsweise per Volksabstimmung die Erlaubnis für verlängerte Öffnungszeiten am Donnerstag verweigert. In Genf und Zürich füllen sonntags die Flughäfen und Bahnhöfe die Konsumangebotslücke. In Cointrin und Kloten kann an sieben Tagen in der Woche bis 20 Uhr geshoppt werden. An Montagen ist zudem Vorsicht geboten: Manche Geschäfte haben den ganzen Tag geschlossen, andere am Morgen, wieder andere haben normal geöffnet. In kleineren Städten sind über Mittag (zwischen 12.15 Uhr und 14 Uhr) alle Geschäfte geschlossen. Und seit einige Gemeinden die Ladenöffnungszeiten etwas gelockert haben, kann man zwar teilweise länger einkaufen, aber welches Geschäft sich dafür entschieden hat, abends bis 20 Uhr zu öffnen, weiss man erst, wenn man vor offenen oder geschlossenen Türen steht. Manche Städte kennen zweimal wöchentlich Markttage, wo Früchte, Käse, Gemüse, Pflanzen, Fisch, Eier, Fleisch und Honig angeboten werden. Für die (Papier-)Tüte müssen Sie in den meisten Lebensmittelgeschäften 30 bis 50 Rappen bezahlen. Das ist kein hinterfotziger Angriff auf Ihren Geldbeutel, sondern eine erzieherische Massnahme. Auch im Kleinsten soll die Wegwerfgesellschaft bekämpft werden. Wenn Sie also einen Schweizer mit einer Papiertüte unter dem Arm umherirren sehen, wissen sie, was er eigentlich sucht. Zeigen Sie ihm – wenn nötig – den Weg zum nächsten *Coop*. (In der Schweiz sagt man *der* Coop und nicht die Coop.)

Sollten Sie zu den Menschen gehören, die ein Land vorzugsweise mit Zunge und Gaumen erkunden, dürfte die Schweiz nach Ihrem Geschmack sein. (Buchtipp: *Gault Millau Schweiz*, und vor allem: Martina Meuth und Bernd Neuner-Duttenhofer: *Schweiz – Küche, Land und Leute*.) Kulinarisch besticht die Schweiz nicht nur mit einer gelungenen Mischung aus französischer, italienischer und deutscher Küche sowie österreichischer Dessertkunst, sie bietet auch eine ungeheure regionale Vielfalt. Die Schweizer Weine (rote und weisse) können sich durchaus schmecken lassen, im Preis-Leistungs-Verhältnis allerdings schneiden sie unserer Meinung nach schlechter ab als die spanische oder französische Konkurrenz. Wir empfehlen einen guten Tessiner *Merlot* oder einen Westschweizer *Dézaley*.

In Schweizer Restaurants geht es kaum anders zu als bei Ihnen daheim. In einfacheren Restaurants dürfen Sie sich selber einen Tisch aussuchen, in den besseren *werden Sie platziert*. Hier sollten Sie vorsichtshalber reserviert haben, auf jeden Fall aber am Freitag oder Samstag. Am Sonntag sind viele Restaurants geschlossen. Wenn Sie nicht gerade in einem der Lokale der Luxusklasse zu speisen wünschen, zahlen Sie für ein mehrgängiges Essen zu zweit inklusive Wein zwischen 100 und 200 Franken. Wollen Sie gut essen, kommen Sie kaum unter 100 Franken davon, während Sie für 200 Franken schon ziemlich viel erwarten können. Beachten sollten Sie, dass der Wein leider weit mehr als etwa in Italien oder Frankreich zu Buche schlägt.

Die etwa 27000 Restaurants in der Schweiz gelten gemeinhin als zu zahlreich. Wer eine Kneipe eröffnet, hat meist grosse Schwierigkeiten, sich auf dem Markt zu behaupten. Mogelpreise sind schlecht möglich, da die Speiserestaurants verpflichtet sind, die Karten mit Menüpreisen auszuhängen.

Dass die exotische Küche in der Schweiz Fuss fassen konnte, ist mit ein Verdienst von Ueli Prager und seinen *Mövenpick*-Restaurants. Nach dem Zweiten Weltkrieg überraschte er mit neuen Menüs und dem Gedanken, »mal schnell was essen«. Gerade so viel, wie eine Möwe im Vorbeifliegen aufpicken könnte? Prager setzte nicht mehr auf Kneipenatmosphäre. Die Tische stehen eng beieinander, Ellbogenfreiheit und Gemütlichkeit werden nicht geboten, sonst bleibt der Kunde zu lange sitzen. Dafür sollen Geschmack und Qualität gesichert bleiben. Am besten, man mischt allerlei Saucen zentral. Damit sind Kunde wie Restaurantbesitzer weder Fähigkeit noch Laune des einzelnen Kochs ausgeliefert, und der Gast weiss, dass sein Lieblingsgericht in jedem Mövenpick der Schweiz vergleichbar schmeckt. Die Mövenpicks zählen zum Durchschnitt, die Preise sind *reell*.

Reell heisst, man bekommt etwas fürs Geld, ein fairer Handel. Das gilt für die Schweizer Gastronomie allgemein. Wirklich schlecht essen Sie eigentlich nirgends. Auch in unbekannten Landgasthöfen können Sie bedenkenlos *Schnipo* (Schnitzel, Pommes frites – die Abkürzung wird überall richtig verstanden) bestellen, dürfen jedoch nicht überrascht sein, wenn dort neben *Schüblig* (einer guten grossen Wurst) und *Gnagi* (gepökeltem Eisbein) *Nasi Goreng* auf der Speisekarte steht. Wollen Sie richtig exotisch essen, werden Sie hinsichtlich Qualität und Preisen Höhen erklimmen. Indische, chinesische oder indonesische Gaststätten sind in der Schweiz (im Gegensatz zu Frankreich oder England) nie billig, mindestens ab mittlerer Preislage aufwärts. Man isst meist sehr gut, kommt aber kaum unter 80 Franken pro Person weg.

Haben Sie in chinesischen Restaurants dank Übersetzungen auf den Speisekarten kaum Probleme, kommen Sie in Schweizer Kneipen schnell ins Schleudern: *Mistkratzerli, Nüsslisalat* oder *Voressen*? Wir übersetzen aus Speisekarten und Kochbüchern: *Mistkratzerli* = kleines Hähnchen, ein junger Mistkratzer eben; *Nüsslisalat* = Feldsalat; *Voressen* = Ragout; *Gschwellti* = Pellkartoffeln; *Fleischvögel* = Rouladen; *Modelschinken* = gekochter, in Form gepresster Schinken; *Eierschwämme* = Pfifferlinge; *Wähe* = flacher Früchte-, Käse- oder Gemüsekuchen; *Härdöpfel* = Kartoffel; *Härdöpfelstock* = -brei; *Meringues* = Baiserschalen; *Ofechüechli* = Windbeutel; *Peterli* = Petersilie; *Baumnuss* = Walnuss; *Plätzli* = Schnitzel; *Rande* = rote Bete; *Marroni* = Esskastanien; *Vermicelles* = ein süsses Püree daraus; *rüsten* = Gemüse putzen; *Sauser* = gärender Traubensaft; *Schabziger* = Kräuterkäse; *Tranche* = Scheibe; *Anke* = Butter; *Siedfleisch* = gekochtes Rindfleisch (mit der Frage: »Wänd Si's mager oder durzoge?« will die Serviertochter herausfinden, ob Sie das Siedfleisch ohne oder mit Fett haben wollen). Ein Restaurant, das darauf Wert legt, *währschafti Choscht* anzubieten, will andeuten, dass hier gut, vor allem nahrhaft aufgetischt und portioniert wird.

Währschaft geht's nicht zuletzt an den im Herbst stattfindenden *Metzgeten* zu. In der Schweiz heissen Schlachter und Fleischer Metzger. Eine Metzgete ist demnach der zelebrierte Akt des Schlachtens und Zubereitens der Tiere. Bei einer Metzgete in einem Landgasthof wird – im klassisch traditionellen Fall – am Morgen ein Schwein geschlachtet und am Abend ein spitzenmässig cholesterinhaltiges Mahl mit Blut- und Leberwürsten, *Rippli, Schnörrli,* Gnagi und Speck aufgetischt, garniert mit Sauerkraut und Kartoffeln. Das leicht Verderbliche am Schwein muss also schnell weggeputzt, der Fettvorrat für den Winter angegessen werden. Wenn Sie Glück haben, sorgt noch eine Ländlerkapelle für die musikalisch-folkloristische Abrundung.

Wie in Nobelrestaurants dürfen Sie hier damit rechnen, dass der Kellner während des Essens mal vorbeischaut und fragt: »Sind Sie bedient?« Das ist ein Zeichen von Aufmerksamkeit. Er denkt nämlich: »Wahrscheinlich haben die Gäste alles. Sollte ich aber etwas vergessen oder jemand schon sein Glas geleert haben, ist's besser, ich frage zur Sicherheit nach.« Wenn Sie also im Moment keinen Wunsch haben, sollten Sie mit dem Ja nicht zögern.

Nach dem Essen beim Abräumen werden Sie wieder gefragt: »Isch es rächt gsi?« Waren Sie zufrieden, ist es für den Gastgeber gerade recht. Im umgekehrten Fall ist das der Zeitpunkt, für Mängel einzustehen. Die Reaktionen auf Kritik sind sehr unterschiedlich. Die einen Kellner haben die Frage nicht ernst gemeint und fühlen sich persönlich beleidigt, wenn Sie das Gebotene kritisieren. Andere beginnen vor Scham fast zu weinen, offerieren Kaffee, Dessert oder einen Schnaps. War alles okay, können Sie den Kaffee bestellen. Der ist in Schweizer Gaststätten im Allgemeinen gut. Sie haben die Wahl zwischen: *Espresso* (*natur* oder *crème*, also ohne oder mit Kaffeerahm, der meist in kleinen Plastikkübelchen kommt, deren Deckelchen *nation-wide* gesammelt werden), *Café crème* (gleich viel Kaffee mit mehr Wasser), *Schale hell* oder *dunkel* (Milchkaffee mit mehr oder weniger warmer Milch), *Café mélange* (Kaffee mit Sahnehäubchen) und *Corretto* (Espresso mit Grappa, Brandy etc.); *Kafi Schnaps*, *Luz* oder *Fertig* sind verschiedene alkoholische Getränke meist im Glas. In Anlehnung an die italienische Kaffeekultur stehen auch *Cappuccino* und *Latte Macchiato* vielerorts auf der Karte. Auf »die Zigarette danach« müssen Sie jedoch in aller Regel verzichten, oder sie draussen anzünden. Nachdem vorerst nur in einzelnen Kantonen wie Tessin oder Zürich ein generelles Rauchverbot in Restaurants eingeführt wurde, trat 2010 das »Bundesgesetz zum Schutz vor Passivrauchen« in Kraft. Demnach müssen alle öffentlich zugänglichen geschlossenen Räume rauchfrei sein. Aber weil auch dieses Gesetz regional verschieden interpretiert und demnach auch wieder etwas durchlöchert wird, treffen Sie mitunter auf kleine Besonderheiten, wie zum Beispiel Restaurants, die eine Mitgliedschaft verlangen, womit der Besuch dieser Lokalität zu einem Privatanlass wird, was selbstredend andere Gesetze wirksam macht.

Beim Bezahlen kommt wieder die bereits erwähnte Höflichkeit zum Zug: »65,80, wänn Sie wänd so guet si.« Natürlich wollen Sie so gut sein und geben vielleicht noch zwei, drei Franken Trinkgeld, wenn's angebracht ist, obwohl in allen Restaurants gesetzlich geregelt *Service inbegriffen* gilt und Sie auch das nächste Mal fast ebenso höflich bedient werden, sollten Sie das Wechselgeld einstecken.

Dass auch *McDonald's* und *Starbucks* ihre Niederlassungen haben, braucht kaum weiter erläutert zu werden. In den Restaurants können Sie meistens offenes Bier bestellen. Verschiedene Kantone haben ein Gesetz erlassen, wonach das billigste Getränk alkoholfrei sein müsse, womit die *Stange* hauptsächlich bei den Jugendlichen an Popularität eingebüsst hat. Die Stange umfasst im Allgemeinen 3 Deziliter Bier vom Fass, doch weder Name noch Volumen sind gesetzlich geregelt. Wenn Sie Pech haben, bekommen Sie nur eine 2,5- oder gar eine 2-Deziliter-Stange. Ein *Herrgöttli* ist noch etwas kleiner als eine Stange, ein Grosses ist 4 Deziliter oder ein halber Liter. Ein-Liter-Gläser sind nicht verbreitet. Wenn der Kellner auf Ihr schnell gelerntes »*e Schtange*« mit »*Schpezli?*« antwortet, will er damit sagen, dass dieser Laden kein offenes Bier führt und er Ihnen daher ein Fläschchen Spezialbier in der gleichen Grösse anbietet. Die Schweizer finden ihr Bier gar nicht mal schlecht. Geeichte Biertrinker aus Deutschland dürften allerdings an der enormen Vielfalt der Schweizer Biere kaum Geschmack finden. Das eidgenössische Gebräu ist alkoholhaltiger und für deutsche Gaumen zu wenig fein – jedenfalls im Vergleich zum süddeutschen Bier. Pils ist mindestens gleich schwer. Da helfen auch die diversen *Light*-Biere nicht weiter.

Die Schweiz ist eher ein Wein- denn ein Bierland. Von Ost nach West wird immer weniger Bier getrunken, insgesamt gerade mal 58 Liter pro Kopf und Jahr. Französische Leichtbiere haben in den letzten Jahren massiv an Boden gewonnen. Zudem haben es einige kleine Lokal-Brauereien geschafft, mit Heimvorteil Fuss zu fassen, eine davon ist die höchstgelegene Brauerei

Europas im bündnerischen Monstein. Die Restaurantpächter sind aber in der Wahl des Biers meist an die Brauereien gebunden. Als die grössten Restaurantbesitzer des Landes bestimmen sie, welche Marke angeboten und folglich getrunken wird.

Professionelle Schweizer Köchinnen und Köche geniessen einen guten Ruf. Einerseits profitieren sie von vielen fremden Einflüssen, andererseits vom zahlungskräftigen Publikum, das Besonderes honoriert.

Mit den Schweizer Spezialitäten ist's so eine Sache. Käsespeisen wie *Fondue* oder *Raclette* sind Ihnen längst vertraut. Interessanter sind aber die verschiedenen Köstlichkeiten aus allen Regionen, die Sie sich am besten in einschlägigen Kochbüchern vor Augen führen lassen. Der *Berner Hecht nach Bauernart mit Speck und Linsen* oder das *Glarner Kräuterlamm mit Weisskohl* sind eher währschafte Hauptgerichte. Dazu kommen noch allerlei Rezepte, die die Einwanderer etabliert haben.

Neben Hunderten Arten von Suppen und Würsten überrascht die breite Palette der Desserts. Nicht nur in Kochbüchern und Restaurants. Von den *Confiserien* darf die Rede sein und endlich auch von der Schokolade. Die Milchschokolade wurde 1875 von Daniel Peter erfunden. Entscheidend war, dass der bittere Kakao endlich richtig veredelt werden konnte. Seither sind tausend Rezepte hinzugekommen und werden in Banksafes gehütet. Um einen Blick in die kostbaren Rezeptbücher zu werfen, brauchen die *Sprünglis* nur über die Strasse zu gehen. Ihre kleine, umsatzstarke Confiserie am Paradeplatz steht dort, wo sich zwei der drei grössten Banken der Schweiz einquartiert haben. Wie gut Schokolade sein kann, weiss man vielleicht erst, wenn man *Gianduja* oder *Number 1* auf der

Zunge zergehen lässt. Bleibt die Frage, weshalb Sprüngli nicht in andere Länder expandiert. Geht nicht, gibt der Chef Bescheid. Es sei schon schwierig genug, die Qualität in Zürich zu überwachen. Und wenn der Transport hinzukommt und das eine oder andere Geschäft die *Pralinés* länger als einen Tag anbietet – wohin soll das führen, sicher in den schlechten Ruf. Wieder so ein Beispiel, wo sich ein Schweizer zwischen Expansionsmöglichkeit und Qualitätssicherung fürs Zweite entscheidet. Angefügt sei aber, dass Teuscher in New York das *Truffe du jour* anbietet. In der Schweiz produziert und selbigen Tags geliefert. Solches dann schon.

Möchten Sie etwas von bleibendem Wert nach Hause mitnehmen und machen Sie sich etwas aus Kunsthandwerk, so suchen Sie am besten einen der gut 20 Heimatwerkläden auf. Da finden Sie Bauernkeramik, Brienzer Holzschnitzerei, Appenzeller Sennenschmuck, Innerschweizer Fasnachtsmasken, Neuenburger Klöppelspitzen, Spieldosen aus dem Jura oder Berner Trachtenschmuck. Teilweise zu stolzen Preisen. Aber wo von Handarbeit die Rede ist, meint man es auch. Textil – im Allgemeinen und Seidenproduktion im Besonderen – haben in der Schweiz Tradition. Wenn Sie sich etwas Spezielles leisten wollen, besuchen Sie das ziemlich versteckte Geschäft der *Fabric Frontline* (Zürich, Ankerstr. 118). Mit naturgetreu gezeichneten Motiven (giftige Frösche, Schmetterlinge, Marienkäfer, Stiefmütterchen) der wissenschaftlichen Zeichnerin Cornelia Hesse Honegger auf Seidenstoffen und Werken von Werner Hartmann ist Fabric Frontline aus dem Schatten der weltbekannten Abraham und Schlaepfer herausgetreten. Nicht zuletzt deshalb, weil die Seide im Zwölffarbendruck bearbeitet wird. Eines der berühmten Taschenmesser *(Sackmässer)* wäre als Geschenk denkbar, wobei die grössten, dicksten, variantenreichsten zumeist die unpraktischsten sind. 1897 wurde das Offiziersmesser patentiert und seither in über 90 Varianten angeboten. Die »echten« sind die von *Victorinox* und *Wenger*. Lassen Sie sich keinen Bären aufbinden: Das Taschenmesser, das jeder Schweizer Soldat (ausgeliehen) bekommt, hat keinen Korkenzieher, was wir nicht verstehen, denn gerade im Kampf gegen Panzer, hätte man doch damit – ach, lassen wir's. Sie haben ja keine Ahnung von Schweizer Kriegführung!

Und natürlich Uhren in allen Preisklassen. Im Unterschied zum Käse, der – subventioniert – im Ausland oft billiger ist, bekommen Sie Qualitätsuhren – da nicht subventioniert – nirgends günstiger als in der Schweiz.

Sterne lügen nicht

Die Schweizer Hotellerie geniesst einen guten Ruf, und der hat seinen Preis, vor allem in den Städten. Die günstigen, guten Unterkunftsmöglichkeiten auf dem Land finden Sie mit dem *Schweizer Hotelführer*, den Sie für wenig Geld in Buchläden erhalten. Die 4604 Hotels, die Ihnen zur Auswahl stehen, sind detailliert genug beschrieben, dass Sie sich ein Bild machen können. Für 80 bis 120 Franken pro Person sollten Sie in einem Dreisternehotel ein Doppelzimmer (mit Bad und Frühstück) bekommen. Der *Schweizer Invalidenverband* (*Procap* – Tel. 062 206 88 30) hat als Ergänzung den *Schweizer Hotelführer für Behinderte* herausgegeben, der Gästen, die auf den Rollstuhl angewiesen sind, nervtötende Sucherei abnimmt.

Sollten Sie eine Ferienwohnung vorziehen, besteht die Möglichkeit, an den (verteuernden) Agenturen vorbeizubuchen. Wählen Sie das Städtchen Ihrer Träume aus, versuchen Sie, telefonisch oder per Internet mit dem dort (hoffentlich) existierenden Touristikbüro in Kontakt zu treten, und lassen Sie sich die Liste mit den einschlägigen Adressen und den dazugehörigen technischen Daten zuschicken. Sie müssen mit Preisen zwischen 600 und 1000 Franken pro Woche rechnen. Was Sie alles vorzufinden wünschen – oder eben nicht –, klären Sie besser vorher ab. Auch, ob es an Ihnen ist, die Wohnung wieder so sauber geputzt zu verlassen, wie Sie sie wahrscheinlich angetroffen haben. Wir raten zur Variante inklusive Putzfrau – die Schweizer sind pingelig. Für vergiftete Wintersportler: Jetzt schon daran denken! Die kommende Saison ist schon fast ausgebucht. Ähnliches gilt für die etwa 90 Jugendherbergen und 150 SAC-Hütten, wobei die vor allem im Sommer gedrängt voll sind.

Zwar wird in der Schweiz an den Steckdosen die gleiche elektrische Spannung gemessen. Dennoch müssen Sie Ihren Apparatepark mit dreipoligem Adapter ausrüsten, da die Löcher in den Dosen nicht mit Ihren Steckern kompatibel sind. Mit einem Übergangsstecker, den Sie in Elektrogeschäften für fünf bis zehn Franken kaufen können, sind Sie problemlos am Netz.

Geradezu beispielhaft für die Schweiz sind die Toiletten in Hotels und Restaurants. Nein, nicht unbedingt, weil sie sauber sind. Nirgends ist besser versinnbildlicht, wie's in diesem Land läuft: Technische Finessen werden schnell übernommen (lange war die Schweiz neben Japan das absolut schnellste Land im Umrüsten auf Compact Discs und weist neben den USA die höchste Computerdichte auf), alles, was strukturell verändert werden soll, dauert kleine Ewigkeiten. Der Herr Besucher wird feststellen: Die Lichtschranke in den Pissoirs ist längst out. Ein – na, was ist's denn, ein Echolot etwa? – Sucher oder Ähnliches tastet den um Erleichterung Suchenden ab, und kaum verlässt er die Schüssel, läuft die Spülung. Zum Händewaschen braucht er keine Wasserhähne mehr zu bedienen. Es reicht, die Hände in die Lichtschranke unter dem Hahn zu halten. Sobald er sie zurückzieht, wird der Wasserstrahl unterbrochen. Ähnlich funktioniert der Warmlufttrockner oder das aufgewickelte Trockentuch, das nicht mehr von Hand weitergezogen wird – ist hygienischer. Sie können auf eine Menge weiterer Überraschungen auf dem Klo hoffen, von der Einmalplastikfolie über der Klobrille bis zum Klosomat ist mit allem zu rechnen.

In der Schweiz waren Spielcasinos lange verboten. Die Einnahmen, die da ins Ausland flossen, ärgerten die Politiker mehr, als die Kosten von Spielsucht schreckten. Also vergab man auch in der Schweiz ab 2002 Casino-Lizenzen; wieder gut schweizerisch: Wem könnte man einen Gefallen tun, welche Gegend ein wenig beleben und unterstützen? Zürich ist schon gross genug! Also ging die grösste Stadt leer aus. Nach Startschwierigkeiten mit etwas mageren Umsätzen haben sich die Casinos fest etabliert. Fast zu fest. In verschiedenen Casinos werden die Listen mit Spielsüchtigen, denen der Zutritt verwehrt werden muss, immer länger und im Tessin tauchten Vorwürfe über Geldwäscherei auf. Dennoch beurteilte die Schweizer Regierung die Erfahrungen mit den Casinos als so positiv, dass weitere Konzessionen erteilt wurden – schliesslich sogar für Zürich, das seine Spielhölle ganz nah beim Bankenzentrum positioniert. Ein Schelm, der dabei ganz eindeutig falsche Bezüge macht.

Überraschendes in Sachen Partys mit internationaler Ausstrahlung trägt sich in Zürich zu. Seit etwa Mitte der neunziger Jahre steigen hier Technopartys im Weltformat, und wo die Wachstumsgrenze ist, weiss keiner. Im Jahr 2014 tanzten 950 000 Menschen an der »Streetparade« in Zürichs Strassen. Viele Raver kommen jeweils aus Deutschland, und weil an diesem Datum alle Hotels überbelegt sind, kann man die weitgereisten Gäste am Sonntag in ihren Autos mit HH-Kfz-Zeichen schnarchen sehen.

Über Personen und deren Freizügigkeit

Vielleicht stimmt, was wir über die Schweiz und ihr Igeldasein geschrieben haben, noch weniger, als wir selbst schon vermuteten. Vielleicht ist in jüngster Zeit im Land eine Diskussion in Gang gekommen, die schneller als angenommen in eine Öffnung nach Europa, also zur EU, mündet. Denn im Zuge der allgemeinen Globalisierung und des immer engeren Zusammenschlusses verschiedenster europäischer Länder stellten sich Kommentatoren landauf, landab die bangen Fragen: Wie weiter? Die Schweiz in Europa? Und zuvörderst: Ist Europa schweizfähig? Im 19. Jahrhundert, als die Monarchien die bürgerlichen Demokratiebewegungen unterdrückten, während der zwei Weltkriege und auch zur Zeit des Kalten Kriegs – stets erwiesen sich die Schweiz und ihre auslandspolitische Abstinenz als nützlich und sinnvoll. Immer wieder waren zwei, drei verfeindete Lager froh, dass da noch jemand stillhielt, manchmal zwar das Hinterland bot für intakte Waffenfabriken, aber auch den Verhandlungsort stellte, ohne dass einem bereits mit der Wahl des Orts ein Gesichtsverlust drohte.

Doch in Bezug auf die EU empfinden viele Schweizer ähnlich, wie der Historiker Jean Rudolf von Salis die innere Haltung der Schweizer zur UNO beschrieben hat: »Die Schweizer rechnen sich gar nicht zur Welt. Wir sind gut, uns geht es gut, wir sind neutral und Demokraten, wir sind ein freies Volk, und dort in der UNO hat es so viele Neger und Asiaten, schreckliche Leute. Und dann weiss man nie, was die Amerikaner oder Russen und die Chinesen anstellen, also, um Gottes willen, was wollen wir in so einem Verein. Die Schweizer sind in ihrer Mentalität noch gar nicht auf der Ebene angekommen, auf der die Welt heute steht.«

Sosehr deutschen Politikern Europa am Herzen liegt, sosehr liegt es den Schweizern auf dem Magen. Der relative Isolationismus der Schweiz hat sich von einem jahrhundertelangen Vorteil zu einem kaum mehr zu übersehenden Nachteil gewandelt. Es scheint, dass alle das merken, aber viele es nicht wahrhaben wollen: Die Schweiz gerät ins Abseits. Es ist paradox: Je fataler das Verharren in diesem Abseits wird, desto energischer scheinen zahlreiche Schweizer daran festhalten zu wollen. Ein Leserbrief, der in der *Berner Zeitung* erschien, illustriert das auf ebenso drastische wie typische Weise: Was eine Gruppe von Schweizer Parlamentariern verschiedener politischer Richtung betreibe – nämlich die Eidgenossenschaft zu einem EU-Beitritt zu bewegen –, das sei nichts anderes als »politischer und geistiger Landesverrat«. Es handle sich dabei »um Faustschläge ins Gesicht der hunderttausend Schweizersoldaten, die 1939 bereit waren, nötigenfalls ihr und das Leben ihrer Familien zu opfern, um ihre Heimat gegen eine gewaltige wirtschaftliche und militärische Übermacht zu verteidigen«.

Zwar waren zur Zeit der Drucklegung dieser Ausgabe die ganz hartgesottenen Gegner eines EU-Beitritts in der Minderheit, und eine knappe Mehrheit wollte zumindest vertiefte Verhandlungen mit der EU; aber trotz allem bleibt der Eindruck, die Schweizer machten beim Thema Europa eher unglückliche als erwartungsfrohe Gesichter. Es geht um mehr als um die Probleme der Bauern mit den Preisen für Rotkohl und Kalbfleisch.

Die EU rührt ans Eingemachte der Schweizer Seele. Das, was Peter Bichsel einmal so schön beschrieben hat, dass der rote Pass auf einer Reise in die einstige DDR bei den Zöllnern ganz und gar nicht den erwarteten Eindruck einer Art gesamtnationalen Diplomatenpapiers hervorrief, diese Erfahrung machten die Schweizer spätestens mit dem Fall aller innereuropäischen Grenzen auch bei der Einreise nach Italien, Frankreich, Spanien. Der Schweizerpass wird zum gewöhnlichen Schweizer Pass und garantiert allenfalls bei der Einreise in die EU das Anstehen in der Schlange *other countries*. Diese Kränkung könnte ein EU-Beitritt zweifellos verhindern – aber mit der Sonderstellung wäre es dann auch vorbei. Der einst so edle und begehrte Schweizerpass wäre nur einer unter vielen Pässen. Das stimmt depressiv und kränkt die Schweizer auf seltsame Art. In dieser Kränkung offenbart sich eine liebgewordene Scheinheiligkeit: Der kokette Kleinheitswahn des Kleinstaates Schweiz und seiner Bürger – gern als typische Schweizer Bescheidenheit ausgegeben – ist vor allem ein beleidigter Grössenwahn. Die EU-Frage macht jenseits aller damit verbundenen wirklichen politischen Probleme eines deutlich: Der glanzvolle Sonderstatus der Schweiz geht mehr und mehr in den Status eines Kuriosums über. Der Beitritt der Schweiz zu Schengen – die Abstimmung war zwar eine Zitterpartie – hat hier vorläufig Abhilfe geschaffen.

Was hält denn nun die Schweiz noch zusammen? Die Prognosen, wie sich das kollektive Gefühl der Schweizer entwickelt, wenn in Europa »die Grenzen fallen«, decken alle Varianten ab. Die einen erwarten, dass sich die Romandie noch stärker an Frankreich anlehnt, das Tessin Teil Italiens wird und einzig die Deutschschweiz als Schweiz überlebt. Andere gewärtigen genau das Gegenteil: jetzt erst recht zusammenstehen. Doch spricht man mit Schweizern über die verschiedenen Landesteile, schimmert nach einem Wust der Beschwörungen, wie toll es doch sei, verschiedene Kulturen unter einen Hut zu bringen, die Ratlosigkeit durch, die zu schnell Verheiratete zeigen. »Wir hätten doch gute Freunde bleiben können, weshalb mussten wir gleich heiraten!«

Gegen ein Auseinanderdriften spricht, dass Sprach-, Kultur- und Konfessionsgrenzen fliessend und die Romands patriotischer gestimmt sind als Deutschschweizer.

Ein bisschen komplizierter drückt das Marco Solari aus, der Mann der die 700-Jahr-Feier mitgestalten und koordinieren musste: »Die Schweiz ist ein Konglomerat von Minderheiten, ein Schutzverband der Minderheiten. Die Schweiz ist ein Versuch, Harmonie herzustellen zwischen den zentrifugalen Kräften, die uns auseinandertreiben, und den zentripetalen, den verbindenden, die vor allem dann funktionieren, wenn ein äusserer Druck da ist.«

Und die Ausländerpolitik? Heissen Sie Jacobs, Charles Aznavour, Michael Schumacher, Kimi Räikkönen, Tina Turner, Gunter Sachs, David Bowie oder Nastassja Kinski, brauchen Sie folgende Zeilen aus zwei Gründen nicht zu lesen. Zum einen verfügen Sie über genügend Kleingeld und Prestige, sodass sich für Sie ein Kontigentproblem erübrigt, zum anderen leben Sie bereits in eidgenössischen Landen mit allen nötigen Bewilligungen. Bleibt zu unterstreichen, dass die Schweiz immerhin – nach dem Fürstentum Liechtenstein und Luxemburg – in Europa den höchsten Anteil an Ausländern aufweist, wovon etwa drei Viertel aus EU-Staaten stammen. Der hohe Ausländeranteil ist nicht zuletzt darauf zurückzuführen, dass die Einbürgerung aufwendig und kostspielig ist – auch für hier geborene Kinder von zugezogenen Eltern, die auf die Einbürgerung bewusst oder aus purer Ermüdung über den manchmal demütigenden Amtsweg (teilweise gar mit Präsentationen an Gemeindeversammlungen) auf den Schweizer Pass verzichteten. Die Rechte will die Einbürgerung per Volksabstimmung. Menschen, die nicht die richtige Hautfarbe haben oder deren Name nach Balkan tönt, kommen so noch schwerer zum Schweizer Bürgerrecht. Da dieses Verfahren 2003 vom Bundesgericht als diskriminierend und verfassungswidrig eingestuft wurde, wurde die Initiative »für demokratische Einbürgerungen« lanciert, die 2008 aber vom Volk abgelehnt wurde. Ganz allgemein tut sich auch hier die Schweizer Volkspartei (SVP) unangenehm hervor. Mit Inseraten und Plakaten, die ihre geistige Verwandtschaft mit Nazi-Propaganda nicht mal vertuschen will, schürt sie Fremdenfeindlichkeit und Misstrauen. Aber dazu später mehr.

Doch bei relativ niedriger Arbeitslosenquote und ständigem Mangel an qualifizierten Arbeitskräften späht die Wirtschaft nach Jobsuchenden aus dem Ausland. Zudem warnen Wirtschaftsfachleute vor der Überalterung der Bevölkerung und der damit einhergehenden Unsicherheit über die finanzielle Zukunft des Rentensystems. Dass also der Wohlstand alleine nicht mehr herstell- und haltbar ist, hat mindestens in Wirtschaftskreisen den Status einer Tatsache. Man ist auf Ausländer – zumindest auf die arbeitswilligen – angewiesen. Das hat man in der Schweiz über die Jahrzehnte gelernt, Unbehagen bleibt. Das Dilemma mit den Ausländern brachte Max Frisch mit dem Satz auf den Punkt: »Wir haben Arbeitskräfte gerufen, und es kamen Menschen.«

Die Schweiz galt lange als Vollbeschäftigungsparadies. Das hatte nicht zuletzt mit dem *Saisonnierstatut* zu tun, was sich bislang nicht als Allgemeinwissen durchgesetzt zu haben scheint. 1991 erhielt die Schweiz den Carl-Bertelsmann-Preis für die »vorbildliche Arbeitsmarktpolitik«. Klaus von Dohnanyi lobte die Schweiz über den grünen Klee. Das Erfolgsmodell beeindrucke, habe doch die Schweiz nie über ein Prozent Arbeitslosigkeit gehabt, bei »einem hervorragenden Niveau tarifpolitischer Beziehungen«. In Krisenzeiten wurden zuerst Ausländer und Frauen abgebaut, Gruppen, die oft nicht in der Arbeitslosenstatistik auftauchen. Mitte der siebziger Jahre betraf das etwa 250 000 Arbeitsplätze, was einer (schliesslich exportierten) Arbeitslosenquote von etwa 8 Prozent entsprach. Die *Saisonniers* waren das Polster, die am leichtesten regulierbare Manövriermasse. Diese bequeme Lösung könnte in Zukunft zum Bumerang werden: Die wieder abgereisten Arbeiter wissen in der Regel nicht, dass sie in der Schweiz Renten bezahlt haben, auf deren Auszahlung sie ein Anrecht hätten. Diese Milliarden von Franken schlummern in trüben Kassen vor sich hin, weil die Ansprüche nicht angemeldet werden. Pessimistische Visionäre befürchten schon jetzt einen ähnlichen Streit um diese namenlosen Vermögen, wie er sich in den neunziger Jahren um die »vergessenen« Gelder von Kriegsopfern abgespielt hat. Aber gegenwärtig schiebt man das noch vor sich her oder weg.

In der Einsicht, dass sich die Schweiz vor den Entwicklungen in Europa nicht ganz verschliessen kann, wenn sie nicht den Anschluss für Jahrzehnte verlieren will und im Bemühen, wirtschaftliche Eigeninteressen mit Fremdenängsten in Einklang zu bringen, hat sich die Regierung bis heute gegen einen Beitritt zur EU und für den Weg der »bilateralen Verträge« entschieden. In diesen Abkommen – die überweise von jedem einzelnen EU-Mitglied akzeptiert werden müssen – wird auch die *Personenfreizügigkeit* geregelt. Wer also darf wie und wann in die Schweiz kommen oder gar übersiedeln? Da hat sich in den letzten Jahren vieles verändert. Neu darf man sogar in die Schweiz kommen, wenn man nicht arbeiten will – vorausgesetzt, diese Menschen sind ausreichend gegen Krankheit und Unfall versichert und verfügen über genügend finanzielle Mittel.

Diskussionen um »Schengenraum« und »Dublin« werden polemisch geführt. Die Schweiz ist also daran, die Grenzen zu öffnen, wenn auch zeitlich gestaffelt. Anfang 2009 haben die Schweizer für die Weiterführung der bilateralen Verträge auch mit den neuen EU-Ländern gestimmt. Das »Ja« nach einer Kampagne, die vor allem gegen die Balkanstaaten polemisierte, liess die Regierung erleichtert aufatmen und der EU-Botschafter überreichte der Schweizer Aussenministerin vor Freude einen Blumenstrauss. Die volle Personenfreizügigkeit für alle EU-Staaten sollte am 1. Juni 2014 in Kraft treten. Bis dahin hatte sich die Schweiz ein Ausstiegshintertörchen offen gelassen: Eine besondere Schutzklausel bei übermässiger Zunahme der Einwanderung, die 2013 auch angewendet wurde. Rechtzeitig vor Inkrafttreten der vollen Freizügigkeit lancierte die SVP jedoch die Volksinitiative »Gegen Masseneinwanderung«. Ihre Kampagne, die den Ausländern die Schuld für alle zeitgenössischen Übel gab – überfüllte S-Bahnen, Staus, Wohnungsnot, verbaute Landschaft, Lohndruck und Kriminalität – stand ganz im Banne der Das-Boot-ist-voll-Rhetorik. Als im Februar 2014 50,3 Prozent der Abstimmenden Ja zur Kampagne sagten, herrschte in Wirtschaft und Politik Katzenjammer – ausser der SVP hatten alle Parteien im Parlament die Nein-Parole beschlossen. Wie sollen künftig die Löcher bei Führungskräften und Pflegepersonal gestopft werden? Wie den EU-Verhandlungspartnern die Schweizer Extrawurst schmackhaft gemacht werden? In der Folge unterzeichnete die Schweiz die Ausweitung der Personenfreizügigkeit auf das jüngste EU-Land Kroatien nicht, was die EU mit dem Ausschluss der Schweiz bei Forschungsprogrammen quittierte. Und hierzulande nahm man erstaunt zur Kenntnis, dass bisher mehr aus dem EU-Forschungstopf bezogen als darin eingezahlt worden war. Seither wird auf die Quadratur des Kreises gehofft, denn anders sind die Forderungen der Initiative und die bilateralen Verträge nicht in Einklang zu bringen. Die EU jedenfalls scheint kaum daran interessiert, der Schweiz erheblich entgegenzukommen.

Für Sie aus Deutschland als altem EU-Land hat sich aber seit dem 1. Juni 2004 einiges vereinfacht. Früher musste Ihr Arbeitgeber nachweisen, dass er für einen Job keinen Einheimischen finden konnte, weshalb er nun ausgerechnet Sie benötigte. Dieser *Inländervorrang* ist weg. Da man aber befürchtete, der Ansturm auf die Schweiz könnte zu gross sein, sind die Arbeitsbewilligungen kontingentiert: Bis 2007 konnten jährlich höchstens 15 000 Daueraufenthaltsbewilligungen vergeben werden, sowie 115 500 Kurzaufenthaltsbewilligungen. Diese Hürden sind für Deutsche in der Regel klein. Neuerdings dürfen Sie auch frei Wohn- und Arbeitsort wählen. Ja, ja, das war früher jeweils ein grosses Problem mit der Fremdenpolizei. Denn Unstetigkeiten schätzen wir gar nicht.

Seit dem Freizügigkeitsabkommen mit der EU hat sich die Schweiz zum liebsten Auswanderungsziel für Deutsche entwickelt. 2005 haben sie mit 20,6 Prozent die Spitze der »Zuzüger« übernommen. So waren 2006 181 200 Deutsche in der Schweiz registriert, von denen rund 40 Prozent die Voraussetzungen erfüllen, um sich einbürgern zu lassen. Nach der Streichung der Kontingente für die alten EU- und die EFTA-Länder kamen 2007 nochmals 30 000 dazu, 2013 kamen noch 10 000. Die markante Zunahme vor allem in Städten wie Zürich führte zu einer neuen Überfremdungs- und Ausländerdebatte. Der Blick lancierte eine Artikelserie unter dem Titel »Wie viele Deutsche verträgt die Schweiz?«, der Tages-Anzeiger gab fünf Survival Lektionen für Deutsche in der Schweiz und gleich auf mehreren Podien wurde die Problematik diskutiert. Verstärkte Einwanderung und die als anmassend empfundenen Attacken des deutschen Finanzministers, Peer Steinbrück, verschlechterten die Stimmung gegenüber Deutschen.

Ein Grenzfall bleiben die *Grenzgänger*. In der Schweiz arbeiten, jedoch übernachten und Steuern zahlen im Ausland. Aber auch da sehen wir es lockerer. Mittlerweile müssen die Grenzgänger nur noch einmal pro Woche in ihrer Heimat übernachten.

Das Ritual der Einbürgerung zu beschreiben würde den Rahmen dieses Buches sprengen. Wir verweisen auf Rolf Lyssys Film *Die Schweizermacher*. Betrachten Sie den Film einmal mit Lachverbot. Vielleicht können Sie dann erkennen und glauben, dass daran nichts erfunden ist. 2004 befand das Schweizer Volk über ein Gesetz, das die Einbürgerungen vor allem der hier Geborenen vereinfacht hätte. Doch die Kampagne der Schweizerischen Volkspartei (SVP) gegen die »Balkanisierung der Schweiz« und den »Wegwerfartikel Schweizer Pass« (auf Plakaten griffen grobe, dunkle Hände nach dem heiligen Dokument) überzeugte eine Mehrheit der Stimmbürger. Die Gesetzesvorlage wurde klar abgelehnt. Dies vorwiegend in der deutschen Schweiz, was die Romands erneut in Rage über die engstirnigen Deutschschweizer versetzte.

Um sich in der Schweiz niederlassen zu können, sollten Sie sich als Erstes um einen Job bemühen. Dabei helfen Ihnen auch die Regionalen Arbeitsvermittlungszentren (RAV – www.treffpunkt-arbeit.ch), die Einheimische nicht bevorzugen dürfen. Zudem dürfen Sie für drei Monate ohne Anmeldung in der Schweiz weilen, um eine Stelle zu suchen. Die Bewilligung, die dann Ihren Bedürfnissen entspricht, sei es Kurz-, Dauer-, Grenzgänger- oder Niederlassungsbewilligung, beantragen Sie kantonal oder Sie lassen sich vorgängig vom *Bundesamt für Zuwanderung, Integration und Auswanderung* (www.imes.admin.ch) informieren. Sie müssen mit einer durchschnittlichen Arbeitszeit von 42,1 Stunden pro Woche (EU-Schnitt 40,7) rechnen. Überstunden nach 20 Uhr werden mit 25 Prozent Aufschlag belohnt, Sonntagsarbeit mit 50 Prozent. In der Schweiz sind 13 Monatsgehälter üblich, aber nicht gesetzlich vorgeschrieben. Vier Wochen Ferien (20 Arbeitstage) stehen Ihnen im Schnitt zu, wenn Feiertage auf Samstag oder Sonntag fallen, haben Sie Pech gehabt. Sie werden weder nachgeholt noch ausbezahlt. In der Schweiz gilt der Grundsatz *Gleicher Lohn für gleichwertige Arbeit* noch nicht. Frauenlöhne liegen im Durchschnitt um ein Drittel niedriger, vor allem bei weniger qualifizierter Arbeit. Die Steuern werden Ihnen als Ausländer im Allgemeinen gleich vom Lohn abgezogen *(Quellensteuer).* Dazu kommen *Kirchensteuer* (die Sie sparen können, indem Sie sich als konfessionslos bezeichnen) und je nach Kanton *Feuerwehrsteuer.* Auch werden Sie neben der Rentenversicherung (*AHV,* etwa 5 Prozent des Lohns) Geld in die Pensionskasse einzahlen müssen (etwa 6 Prozent). Erkundigen Sie sich frühzeitig, wie Sie bei Stellenwechsel oder Umzug in ein anderes Land an diese Gelder kommen. Eröffnen Sie möglichst bald ein Postscheck- oder Bankkonto und klären Sie ab, welche Versicherungen vom Arbeitgeber übernommen werden und um welche Sie sich selbst zu kümmern haben.

Studenten müssen einen offiziellen – von ihrer Universität – Studiennachweis erbringen. Das Kreisbüro des Wohnsitzes stellt dann die Aufenthaltsbewilligung aus. Auch die Hochschulen haben Ausländerkontingente, die nicht überschritten werden dürfen. Da die Schweizer Universitäten noch keinen *Numerus clausus* kennen, sind sie für Ausländer interessant.

Damit sie nicht aus den Nähten platzen, werden in den begehrten Fächern nach einem Jahr Prüfungen abgehalten, die vor allem der Selektion dienen. Studenten müssen ausserdem nachweisen, dass sie für sich selbst aufkommen können. Da ist ein dickes Bankkonto der sicherste Beweis, eine Teilzeitstelle – die ausländischen Studenten in der Regel bewilligt wird – der zweitsicherste. Die zu ergattern ist mittlerweile fast so schwierig geworden, wie sich ein dickes Bankkonto zuzulegen.

Kommen Sie mit dem Auto, haben Sie dieses (spätestens nach 12 Monaten) beim Strassenverkehrsamt anzumelden. Bevor Sie aber eine Schweizer Nummer erhalten, muss der Wagen den landesüblichen Normen angepasst und der Fahrzeugkontrolle vorgeführt werden. In der Schweiz sind andere Lämpchen obligatorisch und die Abgasnormen sehr strikt. Ihr Auto muss alle zwei Jahre einem Abgastest unterzogen werden (Kosten: zwischen CHF 50,- und 100,-).

Bei der Suche nach einer Wohnung werden Sie in grösseren Städten, vor allem Zürich und Genf, auf eine harte Probe gestellt. Die Mieten sind horrend, wenn überhaupt Objekte angeboten werden. Halten Sie in Lokalzeitungen Ausschau, fragen Sie bei Vermittlungsbüros (die allerdings häufig nicht sehr effizient und unter Umständen teuer sind). Wollen Sie ein Haus oder eine Wohnung kaufen, werden Sie noch einmal von den

Preisen geschockt. Eine *Chischte* (Million) sollte reichen. Vielleicht kann Ihnen auch der Arbeitgeber bei der Wohnungssuche weiterhelfen.

Ausgeschriebene Wohnungen sind (falls nicht anders vermerkt) unmöbliert, zu der angegebenen Anzahl Zimmer kommen noch Küche (inkl. Herd und Kühlschrank), Bad (hoffentlich) und Diele. Eine Waschmaschine steht eher selten in Ihrer Wohnung, dafür darf jene im Keller mit allen Mitbewohnern geteilt werden.

Doch wie zum Vorteil aller das Waschküchenproblem organisiert scheint, so schwierig gestaltet es sich in der Praxis. Man wird nämlich den Eindruck nicht los, dass die Schweizer es nicht geniessen können, wollen, dürfen, dass sie es einfach haben. Das fängt beim Waschküchenschlüssel an. Der ist beileibe kein einfaches Schliessgerät, wie Hugo Loetscher dies in einem unnachahmlich eindrucksvollen Essay aufgezeigt hat –, sondern der Schlüssel zur schweizerischen Volksseele. Natürlich ist es ökologisch sinnvoll, dass ein Haus sich mit einer gemeinsamen Waschküche begnügt, statt dass jeder Haushalt eine eigene Waschmaschine laufen lässt. Aber der im Vergleich zum sonstigen Ausrüstungsstandard von Schweizer Haushalten anachronistische Tanz um den gemeinsamen Waschküchenschlüssel entspringt keineswegs ökologischer Rationalität, sondern einem eisernen Festhalten an komplizierten Waschküchenbenutzungsplänen, Waschküchenschlüsselübergabereglements und Waschküchensäuberungsritualen. Jede Verletzung dieser Regeln – die unausweichlich ist, wenn man nicht bereits als Zwangsneurotiker schlimmsten Zuschnitts auf die Welt gekommen ist – zieht endlose Belehrungen und Streitereien nach sich, die jedoch zum unabdingbaren Sozialgefüge einer Schweizer Hausgemeinschaft zu gehören scheinen. Wir möchten darum wetten, dass die Scheidungsrate von Eheleuten, die in Einfamilienhäusern leben, die von jenen in Mehrfamilienhäusern aus dem einfachen Grunde erheblich übersteigt, weil Ersteren das probate Aggressionsentladungsventil der Waschküchenordnung fehlt. Der Anteil von Eigenheimbesitzern an der Gesamtbevölkerung ist übrigens – verglichen mit dem sonstigen Europa – signifikant kleiner: Die Schweizer scheinen zu ahnen, was sie mit einem eigenen Waschküchenschlüssel vermissen würden. Nämlich unter anderem ein Stück einzigartiger Briefkultur: Verstösse gegen die Waschküchenordnung werden in der Regel nicht im persönlichen Gespräch, sondern durch das Aufhängen gross- und kleinformatiger Botschaften (mit vielen Ausrufezeichen) an Türen, Waschmaschinen und Wasserhähnen geahndet. Dass wir diesem Buch keine ausführliche Loseblattdokumentation einschlägiger Ermahnungen beifügen, liegt lediglich an unserer Sammelfaulheit. Schon ein einziger nach Ablauf der eigenen Waschküchenbenutzungsfrist liegengebliebener Socken hat in der Regel nicht nur rigorose schriftliche Tiraden zur Folge, sondern auch die verbitterte Erklärung, dass darum die Waschküche unbenutzbar gewesen sei. (Keine pointierte Übertreibung, sondern erlebte Alltagswirklichkeit!)

Von ähnlicher Qualität ist der eidgenössische Umgang mit dem Haustürschlüssel: Die Haustüre hat – wenn nicht den ganzen Tag, so doch spätestens vom frühen Abend an – mit diesem Schlüssel abgeschlossen zu sein. In vielen Häusern leistet man sich weiterhin den Luxus, auf elektrische Türöffner zu verzichten, weil man ja doch immer wegen eines abendlichen Besuchers die vier Treppen runter- und raufmuss. Motto dieser Übungen: Warum einfach, wenn man es sich so schön schwermachen kann. Dies zum Schlüsselreigen, zu dem noch Abschnitte über Garagenschlüssel angefügt werden könnten.

Sollten Sie einen Abstellplatz für Ihr Auto wollen, müssen Sie nochmals etwa 100 Franken monatlich investieren. Was in Deutschland Kalt-/Warmmieten sind, heisst in der Schweiz *exkl.* oder *inkl. Nebenkosten.*

Wenn Sie glücklich eine Wohnung gefunden haben, kommen die *Depot*forderungen (Kaution). Der Vermieter wird von Ihnen vermutlich eine bis drei Wohnungsmieten Depot verlangen, das wäre mit jener Monatsmiete, die Sie dem Vermittlungsbüro auf den Tisch legten, bereits eine Belastung von – sagen wir – günstigenfalls 8000 Franken für eine Dreizimmerwohnung, die Sie erst für einen ersten Augenschein betreten haben. Dieses Depot sollten Sie bei Ihrem Auszug mit Zinsen zurückerstattet bekommen, wobei verschiedene Vermieter gerne diese Prozente vergessen. Bei der Swisscom (www.swisscom.ch) beantragen Sie den Telefonanschluss, bei der Billag (www.billag.ch) melden Sie Ihre TV- und Radiogeräte an.

Unter Nebenkosten fallen Heizung, Strom, Kabel-TV, Wasser und Müllabfuhr. Apropos Müllabfuhr: Daran sieht man genau, ob Sie renitent sind oder sich wirklich integrieren wollen. Benutzen Sie Säcke derselben Farbe wie Ihre Nachbarn? Stellen Sie sie zwei Tage zu früh oder erst (richtigerweise) am Vorabend der Abfuhr an den Strassenrand? (Am allerganzrichtigsten wäre am Morgen der Abfuhr. Aber daran halten sich nicht einmal die Schweizer.) Oder haben Sie sich gar – so beginnen

Kriege – im vermeintlichen Schutz der Dunkelheit dazu hinreissen lassen, einen stinkenden Sack, der nicht bis zum nächsten Abholdatum in der Wohnung warten konnte, in einen Container zu werfen, obwohl dort klar Nr. *107* draufstand und Sie in Nr. *109* wohnen? Tun Sie das nicht. Nie! Denn ein Container kostet Geld, beim Kauf und monatlich bei der Müllabfuhr, *und wenn wir einen Container kaufen, dann kaufen wir den für uns, und wenn Sie meinen, Sie könnten einfach Ihren stinkenden Sack in unseren Container ...* Glauben Sie nicht, es gäbe einen unbeobachteten Moment. Selbst wenn – es würde nichts nützen. An den Abfällen würden die Nachbarn in Ihnen den infamen Sackwerfer erkennen.

Sprachen wir schon von der Müllsackgebühr und den Müllsackkontrolleuren? Manche Gemeinden haben seit einiger Zeit (oder werden dies in Kürze tun) eine Gebühr auf Müllsäcke *(Güselsäcke)* erhoben (in der Schweiz werden keine Mülleimer, sondern -säcke an die Strasse gestellt). Damit hat sich eine neue Form der Kleinkriminalität herausgebildet: Sparbewusste Bürger (allen voran Autopendler) bringen ihre Müllsäcke in die Nachbargemeinde, die noch keine Gebührenpflicht kennt. Man nennt das auf schweizerisch *Güseltourismus*, und um den zu unterbinden, gibt es sogenannte *Güselkontrolleure*. Die wühlen stichprobenartig nach Hinweisen auf die fehlbaren Abfallentsorger.

Hier ein Originalbrief, der zeigt, was dem geschieht, der seinen Müllsack zu früh an den Strassenrand stellt:

»Abfuhrwesen der Stadt Zürich

Ihre Zeichen   Unsere Zeichen   Datum

Sehr geehrte ...

Vermehrte Beschwerden von Quartierbewohnern und Geschäftsinhabern wegen zu Unzeiten bereitgestellten Kehrichtgebinden veranlassten uns, durch die Kontrolleure des Sammelbetriebes Stichproben über die Berechtigung solcher Reklamationen durchführen zu lassen. Bei einer solchen Kontrolle wurde auch ein von Ihnen am

Montag, 21. 02. vormittags

auf die Strasse gestellter Kehrichtsack bzw. Container festgestellt, obwohl die nächste Abfuhr erst am kommenden

Dienstag, 22. 02. vormittags

stattfindet.

Wir machen Sie ausdrücklich auf Artikel 18 der Kehrichtverordnung vom 17. November 1971 aufmerksam, wonach es bei Strafe verboten ist, Container oder Kehrichtsäcke auf dem Trottoir stehenzulassen.

Da es unserem Kontrolleur nicht möglich war, Sie persönlich zu erreichen, möchten wir Ihnen empfehlen, sich inskünftig an die Bestimmungen des erwähnten Artikels zu halten. Wir würden es bedauern, wenn wir Sie beim Polizeirichter zur Ausfällung einer Busse verzeigen müssten.

Wir sind überzeugt, dass ein sauberes Wohnquartier mit geordneten Verhältnissen auch Ihren Interessen dient, und rechnen auf Ihre Mitarbeit.

Mit freundlichen Grüssen
Abfuhrwesen der Stadt Zürich
Der Chef«

Nicht anders muss die Hausordnung respektiert werden. Das heisst, dass Sie ab 21, spätestens ab 22 Uhr nicht mehr laut ausatmen sollten. Ruhe ist geboten! Bis 6 Uhr – danach können Sie sich nicht mehr beklagen, wenn ein Frühaufsteher im Bad zum Rasierapparat laut debile Radiomusik laufen lässt. Wollen Sie eine Party schmeissen, kommen Sie in die Zwickmühle. Informieren Sie Ihre Nachbarn oder laden sie gar ein, kann es sein, dass die mit Ihnen feiern und ein lustiger Abend seinen Lauf nimmt. Keineswegs ausgeschlossen aber, dass Ihre charmanten Mitbewohner in überspitzter Alertheit dem zehnten Glockenschlag entgegenfiebern, um Ihnen um 22.01 Uhr die Polizei auf den Hals zu hetzen. Zur Hausordnung kann im Weiteren die Pflicht gehören, Vorhänge anzubringen. Wir kennen eine Person, die dieses Gesetz – sozusagen – am eigenen Leib zu spüren bekam: Sie musste eine Geldstrafe bezahlen, weil sie nachweisbar in ihrer Wohnung nackt umhergegangen und angezeigt worden war.

In jedem Fall liegt es an Ihnen, den ersten Schritt auf die Nachbarn zuzutun (wenn Ihnen an Kontakten und einem möglichst entspannten Verhältnis überhaupt etwas liegt). Nach Ihrem Einzug warten die Nachbarn darauf, dass Sie in den folgenden Wochen allen Bewohnern – suchen Sie sich kein zu grosses Haus aus, oder kontaktieren Sie nur die Leute auf Ihrem Stockwerk – eine kleine Notiz in den Briefkasten werfen, worin Sie auf den *Apéro* hinweisen, der dann in Ihrer Wohnung zwecks gegenseitigen Vorstellens stattfinden wird. Das Umgekehrte passiert eher selten, da man annimmt, Sie hätten sich nicht gemeldet, weil Sie lieber allein gelassen würden.

Von Underzügli, Wyberhagge, 24 Schuss, Nouss und anderem Brauchtum

In der Schweiz bekommen Sie immer wieder Unanständiges zu lesen und zu hören, was nicht anzüglich gemeint ist und von den Schweizern auch nicht so verstanden wird. Lesen Sie beispielsweise in einer Kneipe an der Wand *Stöck, Wys, Stich*, ist das nichts Obszönes, sondern lediglich eine verbindliche Regel. Auch braucht eine Frau in selbigem Lokal keine Schlampe zu sein, wenn sie ihrem männlichen Gegenüber sagt (übersetzt): »Wenn ich dir zweimal die Rose zeige, und du verwirfst deine *Schellen-Brettli*, musst du doch eine anständige *Eichel* haben. Aber du hast ja keinen einzigen *Bock*. *Schmier* mir doch wenigstens dein *bluttes* (nacktes) *Eichel-Banner*, dann hätte ich's sicher mit deinen *Schilten* versucht.« Sie können sich wieder zurücklehnen, die beiden spielen gemeinsam – nein, nicht miteinander – gegen zwei Gegner. Sie machen einen gewöhnlichen Schieber und versuchen, eine gemeinsame *Jass*-Sprache zu finden. Denn es kann entscheidend sein, was man verwirft, anzieht, welchen Bock man jagt, wann man ein *Underzügli* wagt oder gar ein Wys von der Eichel-6 verschweigt, um den Gegner in seinem *Undenufe* im Ungewissen zu lassen. Kartenspielen wird aus Passion betrieben.

Welcher der Schweizer Nationalsport ist, darüber streiten sich die Schweizer wieder einmal nicht. Je nach anstehendem Ereignis oder eloquentem Zeitungsartikel ist's Schwingen, Hornussen, Skifahren, Holzhacken, Abstimmungen ignorieren oder Jassen. Fürs Jassen spricht die nahezu unglaubliche Dichte an aktiven Sportlern. Es dürften über zwei Millionen sein, etwa ein Drittel der Bevölkerung. Jass-Sendungen im Fernsehen erfreuen sich ungebrochener Beliebtheit. Und wenn Sie in der Schweiz Fuss fassen wollen, ist das Jassen der leuchtende Pfad. Schwierigkeiten werden Ihnen die Deutschschweizer Jasskarten machen. Da ist weder Pik noch Karo Trumpf, sondern Schilten, Schellen, Eicheln oder Rosen. Und der König hat keine Dame, sondern einen Ober zur Seite – eine reine Männerangelegenheit also. Zentral- und Ostschweizer benutzen sie, der grössere Rest – also inklusive Basel, Bern, Graubünden – spielt mit den französischen Karten, die den Skatkarten sehr ähnlich sind, aber keine Buchstaben in den Ecken haben.

Ein kleiner Lehrkurs scheint uns am Platz: Das Spiel umfasst 36 Karten (von 6 bis As), und der Wert aller Karten ergibt 152 Punkte; wer den letzten Stich macht, bekommt 5 Bonuspunkte. Wenn's bei Ihnen »schlecht gelaufen« ist, Sie aber den »Letzten« gemacht haben, sagen Sie möglichst beiläufig: »Tja, ein guter Jasser macht eben den letzten Stich.«

Gejasst wird in tausend Varianten. Beginnen Sie mit *Tschau Sepp*, den Sie vielleicht als *Mau-Mau* kennen. Schlagen Sie nach einer Weile einen *Molotow* vor (möglichst wenig Punkte machen). Dann wäre vielleicht die Zeit reif für einen *Rumba*. Man kann zu zweit bis sechst jassen, und zwar Spiele mit teilweise ulkigen Namen: *Schmaus, Aufgedeckter, cinq cent, Pandour, Büüter, Zuger, Dreier-Coiffeur, Differenzler, Schellenjass, Sidi-Barrani, Fahnder.*

Sie arbeiten auf den Schieber hin. Und der geht so: Sie spielen mit einem Partner gegen zwei Gegner. Der Gegner links von Ihnen beispielsweise teilt jedem gegen den Uhrzeigersinn neun Karten aus. (Der Ohrfeige nach, sagt man, denn die Schweizer sind Rechtsausleger.) Aufgrund Ihrer Karten bestimmen Sie nun, was gespielt wird: Entweder ist eine der vier Farben Trumpf oder *Obenabe* (»Obenhinunter«, ohne Trumpf, die höhere Karte sticht) oder *Undenufe* (»Untenhinauf«, ohne Trumpf, die tiefere Karte sticht). Wenn Sie sich zu nichts entschliessen können, schieben Sie. Ganz richtig, deshalb heisst dieser Jass Schieber. Ihr Partner entscheidet dann aufgrund seiner Karten, aber Sie spielen aus. Machen Sie und Ihr Partner alle Stiche, haben Sie einen *Match* gemacht und schreiben hundert Bonuspunkte. Es muss stets bedient werden, ausser man hat die gespielte Farbe nicht mehr oder man sticht mit Trumpf.

Zu den erspielten Punkten kommt noch der *Wys*: (sprich: Wiis, nicht Wüs!). Ab drei Karten derselben Farbe in Folge gibt es 20 bis 200 Bonuspunkte. Nur die Mannschaft mit dem höchsten Wys darf ihre Wyse schreiben – die Wyse der Gegenpartei werden dementsprechend *gestraft* und verfallen wertlos. König und *Ober*

(Dame) von Trumpf sind zusammen die *Stöck* und geben 20 Punkte. Steht also in einem Restaurant Stöck, Wys, Stich, heisst das, dass gegen Ende des Spiels in dieser Reihenfolge die Punkte geschrieben werden müssen. Jasser mögen Ihnen aggressiv vorkommen. Dieser Eindruck stimmt ohne Einschränkungen. Jassen wird vielerorts als Kampfsport betrachtet, mit historischem Querverweis auf die Schweizer Söldner im Mittelalter, die sich in den Trainingslagern mit Kartenspiel fit gehalten haben sollen.

Der Umgang mit *Nouss*, *Stecken* und *Schindel* ist noch komplizierter und eher betrachtenderweise zu empfehlen. *Hornussen* ist nämlich ein kniffliger Sport, ein »schlagballähnliches Schweizer Spiel«, wie das Wörterbuch von Wahrig weiss. *Stratosphärenpingpong* oder *Bauerntennis* wird der Spitzensport manchmal von Städtern verächtlich genannt. Im frühen 17. Jahrhundert aus dem Schlagball entwickelt, setzte sich das Hornussen vor allem im *Bernbiet* (Kanton Bern) durch – gegen den Widerstand der Kirche. Noch Ende des vorletzten Jahrhunderts wollte die kirchliche Synode des Kantons Bern das Hornussen an Sonntagen verbieten, da die Pfarrer befürchteten, das Spiel auf der Wiese könnte dem Gottesdienst zu harte Konkurrenz machen.

Worum geht's beim Hornussen? Der *Schläger* haut mit dem Stecken die Nouss vom *Bock* ins *Ries*, wo die *Abtuer* das Fluggeschoss mit Schindeln am Weiterfliegen hindern, also abtun. Zum Mitdenken und Erfassen: Die eine Mannschaft (18 Mann, die sich *Gesellschaft* nennen) steht im Ries, dem Spielfeld, das 100 Meter vom Abschlag entfernt ist, bereit, die Schindeln (Holzkellen) gezielt in die Luft zu werfen. Beim Bock (eine Abschlagrampe für Links- und Rechtsausleger) steht der Schläger der gegnerischen Gesellschaft, fasst nicht nur mit den Füssen Tritt, nein, der bullige Athlet gräbt seine gespreizten Beine fast ein, halb in der Hocke schlenzt er dann mit dynamisch schwungvoller Körperdrehung (Mischung aus Golf- und Baseballschlag) den elastischen, gut zwei Meter langen Stecken um seine Körperachse und schlägt mit dem dicken Ende des Steckens (*Träf*, aus gepresstem Hagebuchholz oder Ahorn) die Nouss, das nicht ganz faustgrosse, 80 Gramm schwere Gummiei (ähnlich einem Eishockeypuck) mit zirka 200 bis 300 Stundenkilometern ins Ries. Dort versuchen die 18 Wackeren nun, die Nouss abzutun, das heisst, mit den Kellen am Fall ins Ries zu hindern. Das wäre dann ein *Numero*, und die Gesellschaft im Ries hätte die 2 auf dem Rücken.

Machen Sie sich die Mühe und schauen Sie herein, wenn Sie Wind von einem Hornusserfest bekommen. Die Atmosphäre ist eigen und weniger streng *urchig* als bei den Schwingern.

Wenn ein *Grochsen* (rindsmässiges Stöhnen) über die Matte hallt, als ob zwei Stiere die Hörner im Kampf verkeilt hätten, das Sägemehl wirbelt und staubt, Bier und Weisswein in Strömen fliessen und ganz am Schluss Tausende begeistert johlen, haben Sie den ältesten Schweizer Kampfsport (ab 13. Jahrhundert) entdeckt. Aber Achtung: Wenn der Lokalmatador im Schlussgang den 110 Kilo schweren Gegner an den Hosen unter lautem Brüllen hochgehoben hat und es trotz Zappeln und Winden des lebendigen Doppelzentners schafft, den *Bösen* über die Hüfte zu drehen, und über 200 kompakte Kilo in der richtigen Konstellation – er zuerst, ich auf ihm – ins Sägemehl zu krachen, wenn er also mit einer blanken 10 den *Muni* und den Titel eines *Schwingerkönigs* errungen hat, ist es nicht an ihm, triumphierend aufzubrüllen, die Arme hochzureissen und die Fäuste zu ballen. Das Erste, was er zu tun hat, ist, dem Gegner wieder auf die Beine zu helfen und ihm das Sägemehl von den Schultern zu klopfen – auch dann, wenn die beiden Kolosse ausserhalb des *Rings* im Gras landeten und kein Stäubchen auf den Schulterblättern auszumachen ist. Der Respekt gilt zuerst dem besiegten Gegner, die begeisterte Masse wird den Gewinner schon noch auf die Schultern heben.

Mit *Schlungg, Kurz, Lätz, Innerem* und *Äusserem Brienzer, Gamme* und *Wyberhagge* (Weiberhaken) versuchen die stärksten Schweizer – und selten ein paar Schweizerinnen – an einem *Schwinget* »in die Kränze zu kommen«. Umgangssprachlich kommt mittlerweile alles oder nichts in die Kränze, das heisst in die engere Wahl, denn wer an einem Schwinget unter den besten 15 Prozent ist, bekommt einen Kranz, beim Eidgenössischen gilt er gar als *Eidgenoss*. Das ist logisch. So ist's beim Schwingen, *Hosenlupf, lutte Suisse* oder *Swiss Wrestling*. Da greifen die *chächen Porschten* zusammen, fassen einander im Sägemehlring an der kurzen Drillichhose und versuchen, den jeweiligen Gegner so aus dem Gleichgewicht zu wuchten und ins Sägemehl zu drehen, dass die Schultern – beide Schulterblätter gleichzeitig – den Boden berühren. Die stämmigen *Sennen* (früher Bauern, heute noch stets im blauen Sennenhemd mit Edelweissmuster) und *Turner* (ursprünglich Arbeiter, immer weiss gekleidet) kennen wie die japanischen Sumokämpfer keine Gewichtsklassen. Der Stärkste soll gewinnen, und doch sind die

Schwinger – alles Amateure – keine Fettkolosse wie die Sumoringer. Schlungg und Konsorten sind die gebräuchlichsten Würfe mit teilweise internationalen Pendants aus Ringen und Judo. Der Wyberhagge beispielsweise ist auffällig verwandt mit dem *O-uchi-gari* im Judo.

Wenn einzelne Kämpfer in Judo und Schwingen die Konfrontation suchen, wird das weniger gern gesehen. Denn Artikel I des 1895 gegründeten *Eidgenössischen Schwingerverbands* lautet: »Der Eidg. Schwingerverband bezweckt die Hebung und Verbreitung des Schwingerwesens und verbindet damit die Erhaltung, Pflege und Förderung der volkstümlichen Übungen und Spiele. Er will dadurch nicht nur nationale Eigentümlichkeiten erhalten, sondern auch die Volksgenossen, die in sozialer, politischer, sprachlicher und religiöser Beziehung so verschieden sind, einander näherbringen und dazu beitragen, dass Gesundheit und Frohsinn, Arbeitsfähigkeit und Wehrkraft im Lande sich erhalten und mehren.«

Der Besuch eines Schwingfests kann empfohlen werden. Das Eidgenössische findet alle drei Jahre statt und zieht leicht 30 000 Zuschauer an. Auf etwa zehn Sägemehlringen wird parallel um die Ehre des Schwingerkönigs gekämpft und um ein *Muneli* (junger Zuchtstier).

Noch exklusiver als das Eidgenössische ist das *Kilchbergschwinget* bei Zürich. In der wunderschönen Naturarena finden lediglich 10 000 Zuschauer Platz, weshalb die Eintrittskarten nicht verkauft, sondern gratis an die verschiedenen Schwingclubs der Schweiz verteilt werden. Sollten Sie's schaffen, ein Kilchbergschwinget mitzuerleben, kommen Sie auch ungesehen ins Schlafzimmer der Queen, denn jeder bodenständige Schweizer träumt davon, einmal am Kilchberg dabeizusein. Hier wird in zwei Ringen *geschlunggt*, weshalb nur die Besten eingeladen werden. Ein *Grand Slam* des Schwingens sozusagen. Schon in den ersten Paarungen am Morgen nach Sonnenaufgang – den das *Jodlersextett Turnverein Alte Sektion Zürich*, der älteste Jodlerclub der Schweiz, mit dem Lied *Das ist der Tag des Herrn* begrüsst –, also in den ersten Kämpfen *(Anschwingen)*, treffen ausschliesslich Böse und ganz Böse aufeinander. Denn Starke und Schwache gibt's im Schwingen nicht. Ein Guter war schon ein Böser, noch lange bevor Michael Jackson und seine Brüder den doppelsinnigen Gebrauch des Wortes *bad* entdeckt hatten. Der Abderhalden Jörg, Hundsberger Rudolf (Rüedu), Käser Adrian, Hasler Eugen (Geni), Schläpfer Ernst, Schneiter, Gasser, Matossi, Yerli, Jehle – sie alle sind oder waren ganz Böse. Teilweise Legenden, deren Namen man mit respektvoll nach unten gezogenen Mundwinkeln nannte und dazu nachdenklich nickte.

Wer den Gegner auf den Rücken dreht, bekommt mindestens 9,75 Punkte, wenn's besonders schön (oder eben böse) ausgesehen hat, gibt's gar eine 10. Für einen *Gestellten* (Unentschieden) gibt's noch 9,5 Punkte. Gekämpft wird also nicht im K.-o.-System. Den *Schlussgang* bestreiten die zwei Punktbesten nach Anschwingen und Zwischenrunde. Der Sieger im Schlussgang hat sicher das Schwinget gewonnen, bei einem Gestellten hat auch ein Dritter Siegeschancen.

Wenn Ihnen das magische Kilchbergschwinget mit hoher Wahrscheinlichkeit versagt bleiben dürfte, stehen die Chancen beim *Berchtold-Schwinget* besser, das jeden 2. Januar (am Berchtoldstag eben) in der *Saalsporthalle* in Zürich stattfindet. Da fehlt zwar der urige Reiz, den eine Open-Air-Veranstaltung ausstrahlt, aber Sie finden sicher Platz und bekommen anständiges Schwingen zu sehen. Vielleicht können Sie dort Kontakte knüpfen, die Sie irgendwann einmal in die heilige Arena von Kilchberg führen.

Nach diesen Ausführungen müssen Ihnen die Schweizer als Volk der Grossaufmärsche und Superfeste vorkommen. Die »Eidgenössischen« jeder Sparte wirken mit den mobilisierten Massen unschweizerisch gross. Die teilweise kaum überblickbare Zahl an Aktiven vermittelt schliesslich den Eindruck, dass altes Brauchtum ungebrochen lebendig ist, und wenn das als logischer Kurzschluss gewertet wird – die Menge sagt ja noch wenig über die Lebendigkeit aus –, relativieren wir gerne, geben aber ungefragt einen obendrauf: das Jodeln. An einem – schon wieder – Eidgenössischen kann es schnell zu einer Situation kommen wie 1990 in Solothurn: Ins Städtchen an der Aare kamen Jodlerinnen und Jodler in einer Masse, die die Einwohnerzahl (11 000) klar überstieg. In 15 Lokalen massen sich zwei Tage lang Solisten und Doppelquartette, diverse *Jodelchörli Heimelig, Alphüttli, Edelweiss* und *Bergbrünneli*, kämpften um »gut« oder »sehr gut«, denn nur »befriedigend« wollte niemand sein.

Alle Lokale sind brechend voll, inmitten der oft trachtenmässig herausgeputzten Zuhörer thront die dreiköpfige Jury und hört auf Dynamik, Intonation, Artikulation des Textes und achtet auf die Ausstrahlung, wenn Lieder wie *Mys Dörfli am See, Föhn i der Urschwyz, Mi Heimat* (ein Hit), *Geissbuebeliedli*, aber auch *Vers les sommets* und *Les chants qu'on aime* vorgetragen werden. Dazu kommen die Alphorn- und Büchelbläser sowie Fahnenschwinger, die *Beinüberwurf* und *Kopfüberzug* in Vollendung anstreben. *Handörgeler* sind vor allem als Begleiter von Solo- und Duettjodlern auf den Bühnen.

Das klingt nach einer ernsten Sache. Und ist es auch. Während mindestens eines halben Jahres haben Tausende von Sängerinnen und Sängern an ihrem *Wettlied* gefeilt. Gewöhnliches Üben reicht bei Weitem nicht. Nur wer selbst einmal in einem Jodelchor war, kann ermessen, welches Mass an Präzision, Raffinement und echter Emotion in ein Jodellied gelegt werden kann – und muss, will man ein »sehr gut« ergattern. (Es sei angefügt, dass die eine Hälfte des Autorenkollektivs es tatsächlich ermessen kann ...)

Die Jodler – und *les Yodleurs* (französisch auszusprechen) – stehen in hartem Zwist mit den Volksmusikanten, die den volkstümlichen Schlager beim *Grand Prix der Volksmusik*, im *Musikantenstadel* und dergleichen vorführen. Das sei nicht mehr das Echte und Wahre, nicht mehr das, was das Magische der Firne, Felswände, Alpmatten, Sennenleben ausmache. Nicht mehr das, was selbst Mark Twain zum Jodler gemacht hätte, hätte es dem amerikanischen Schweizfan nicht angesichts der *Jungfrau*, der »eindrucksvollsten Bergmasse, welche diese Erde zeigen kann«, den Atem verschlagen. Atemlos, aber noch des Schreibens fähig, bekannte er: »Das erste Gefühl des Angereisten, der sich unversehens vor jener ehrfurchtgebietenden Erscheinung – eingehüllt in ein Schneetuch – befindet, ist atemberaubendes Erstaunen. Es ist, als ob die Tore des Himmels sich geöffnet und den Thron enthüllt hätten.« Schreiben als Jodelersatz.

Das war im 19. Jahrhundert. Ob die Berge ihre magische Ausstrahlung verloren haben, ist nicht sicher. Noch immer versuchen die Jodler, die Gefühle einzufangen und gleichzeitig bei den Zuhörern jene Gefühlslage zu bewirken, die Mark Twain beim Anblick der Jungfrau bewegte. Ein Jodelabend mit erstklassigen Sängerinnen und Sängern, beispielsweise des *Appenzeller Schötzechörlis*, kann zu einem besonderen Erlebnis werden. Da ist nichts mit Touristenanimation. Sie dürften sogar einige Mühe haben, die Ankündigung eines solchen Abends überhaupt zu entdecken. Dafür ist die Lokalpresse zuständig und die Mundpropaganda. Gerade die Appenzeller Naturjodler und die Emmentaler gelten als *hard-core*-Folkloristen mit schlicht phantastischen Vokalakrobaten. »Onder sechs Johr lauft nönt« (weniger als sechs Jahre bringen nichts), sagen kompetente Sänger, die wissen, wie lange Obertonlagen und Kehlkopfschlag geübt werden wollen.

Die Ankündigung eines Eidgenössischen, Nordostschweizerischen oder Zentralschweizerischen fällt eher ins Auge. Besorgen Sie sich in einem Touristikbüro das jährlich erscheinende Büchlein *Veranstaltungen in der Schweiz*, das Ihnen eine beträchtliche Auswahl an urchigen Shows bietet. Den besonderen Reiz dieser Grossanlässe macht das Feiern in den Strassen- und Gartenwirtschaften aus. Obwohl gehörig gebechert wird, sind kaum Betrunkene zu sehen. Denn ein Jodler empfindet es als grosse Schande, wenn ihm nachgesagt werden kann, er habe »grölt und nöd gsunge«. Grölen zieht bei den Jodlern die Höchststrafe nach sich: Es wird hintenherum schlecht über einen geredet.

Noch ein bisschen Folklore gefällig? Machen Sie einen Besuch im *Bundeshaus* in Bern, setzen Sie sich auf die Galerie im *Nationalratssaal* und geniessen Sie den Politalltag der 200 Abgeordneten *(Nationalräte)*. Achtung:

Das Parlament tagt nur viermal im Jahr je drei Wochen lang *(Session)*. Am Eingang wird Ihnen das *JR, Form. 60* in die Hand gedrückt, auf Recyclingpapier gedruckte Benimmregeln in Deutsch, Französisch und Italienisch. Demnach haben Sie »1. Ruhe zu wahren und jede Äusserung des Beifalls oder der Missbilligung zu unterlassen« und »2. Mäntel, Taschen etc. in der obligatorischen Garderobe zu deponieren«. Sie riskieren, des Saales verwiesen zu werden, »wenn Sie sich ungebührlich benehmen oder die Ruhe stören«, und »weggewiesene Besucher erhalten Hausverbot für die laufende Session«.

Die Gefahr, sich ungebührlich zu benehmen, sehen wir bei Ihnen nicht. So wenig wie bei den Parlamentariern selbst, die sich ebenfalls ans JR, Form. 60 zu halten scheinen – ausser, dass sie ihre Taschen dabeihaben. Als Besucher können Sie die gelangweilt geschäftige Atmosphäre im Saal einsaugen, den Blick durch den rustikalen Raum schweifen lassen, der mit seinem Parkettboden und seinen Holzpulten wie eine Mischung aus altem Schulzimmer und heimeliger Bauernkneipe wirkt – nur geräumiger. Über den lau miteinander streitenden Deputierten prangt das Gemälde von Charles Giron *Wiege der Eidgenossenschaft*. Es zeigt die Rütliwiese, den Ort, wo die ersten drei Eidgenossen ihren Schwur abgelegt haben (vielleicht) und wo im Zweiten Weltkrieg General Guisan hohe Offiziere versammelte, um mit dem *Rütlirapport* die Wehrkraft gegen deutsche, italienische und französische Faschisten zu stärken. Im Hintergrund liegt still der Vierwaldstättersee, darüber ein paar weisse Wolken, sonst Sonnenschein, idyllisch. Das Gemälde soll aktualisiert werden, hiess es: hier eine Autobahn, dort ein Flugzeug und im Hintergrund etwas, was wie ein

Atomkraftwerk aussieht. Dezente subversive Retouchen? Nein, lediglich ein Aprilscherz der »Tagesschau«.

Die Sitzungen werden Deutsch / Französisch simultan übersetzt, die persönlichen *Voten* (Diskussionsbeiträge) in der jeweiligen Muttersprache gehalten. Fast. Die romanischen Abgeordneten – so vorhanden – sprechen deutsch, die Tessiner deutsch oder französisch. Der Zweisprachenbetrieb hat sich längst gegen die Vision eines Viersprachenlandes durchgesetzt. Die einzelnen Parteien – etwa ein Dutzend, sechs in Fraktionsstärke – sitzen nicht unbedingt zusammen. Wo die Romands und Tessiner zusammensitzen – ihrerseits nach Parteien getrennt –, ist noch eine Lateinerseite auszumachen. Gebuht und gepfiffen wird nicht, geklatscht erst recht nicht. Die Abgeordneten scheinen eher fürs Fernsehen oder den Papierkorb zu sprechen.

Und doch macht es Spass, im Parlament zu sitzen. Ist beispielsweise die Fragestunde angesagt, beantworten die sieben *Bundesräte* die Fragen der Parlamentarier. Wie Sonntagsschüler sitzen sie auf dem Seitenbänklein parat, um dann am Rednerpult unter dem Ausschluss der allgemeinen Aufmerksamkeit einem Vertreter der *Autopartei* zu erklären, weshalb die Grenzwerte für die Schadstoffbelastung der Luft nicht jenen von Los Angeles angeglichen werden, »obwohl wir keine Chancen haben, unsere Limiten einzuhalten«. Meist geben sich die Fragesteller mit den Antworten zufrieden. Andernfalls kümmert das auch kaum jemanden. Nur ganz wenigen Parlamentariern wird zugehört. Sei es, weil bekannt ist, dass sie gute Witze reissen, sei es, weil sie unschweizerisch giftig und pointiert argumentieren. Sie sind rar und auch nicht unbedingt die beliebtesten. Sie heben sich ab vom Rest. Vielleicht wundern Sie sich über das nur lückenhaft besetzte Plenum. Unter den Volksdeputierten hat sich nämlich die Meinung durchgesetzt, dass die wichtigsten Entscheide sowieso in den vorberatenden Kommissionen fallen. Zum Parlamentsbetrieb schrieb Kaspar von der Lüeg in der *SonntagsZeitung*: »Die Sitzreihen im Bundeshaus sind leer. Da gleichzeitig vorne niemand spricht, ist vermutlich die Session zu Ende.« Ganz sicher konnte er sich nicht sein.

Ob die Schweizer Armee im Zweiten Weltkrieg durch ihre Präsenz einen Angriff der Nazis verhinderte, ob also die Taktik der *Dissuasion* (Abschreckung) funktionierte, ist noch heute eines der heiss diskutierten und umstrittenen Themen. Trotz grober Witze über die Schweizer Armee (»Sie wurde schon in der Bibel erwähnt: ›Sie hüllten sich in Lumpen und irrten ziellos umher.‹«) lässt sich über ihre tatsächliche Schlagkraft wenig Genaues sagen. Die Waffen sind weder durchweg veraltet noch auf dem neuesten Stand, und die Anzahl der Reservisten (gut 200 000 – mehr als die meisten europäischen Länder) verleiten zur Behauptung, die Schweiz habe keine Armee, sie sei eine. Dazu kommt das nahezu perfekte Selbstzerstörungskonzept: Binnen zweier Tage können alle bereits beim Bau verminten Autobahnbrücken, Tunnels und Eisenbahntrassen in die Luft gejagt werden, was das Land für einen Invasor absolut wertlos, weil unpassierbar machen soll.

Warum die Armee in einem Kapitel, das sich auch mit »Kurioses« hätte überschreiben lassen? Wir halten uns an Max Frisch; er hat die Frage nach Wert und Sinn der vielzitierten Schweizer Armee schnell beantwortet: Aus militärisch strategischer Sicht braucht es die Schweizer

Armee nicht. Für ihn lag ihr Wert woanders. Die »Armee als Brauchtum«, als Teil der Folklore, die integriert, über einen Kamm schert, einen Zusammenschluss und Austausch über Sprach- und Kulturgrenzen sichert. Ein gemeinsames Erlebnis – selbst wenn's für viele als Ärgernis abgebucht wird – verbindet. Man hat einander etwas zu erzählen und weiss, dass man vom Gleichen spricht. Darüber hinaus bietet das Militär den Rahmen, in dem sich die Erfolgreichen in den höheren Offiziersgraden gegenseitig auch privat mit schnell abgeschlossenen Geschäften den einen oder anderen Dienst erweisen. Hier ist dank der jahrzehntelangen Kontakte die Verfilzung garantiert. Die Armee als Rotary-Club.

Sobald Sie mit Schweizern über ihre Armee sprechen, sollten Sie besonders behutsam sein. Denn theoretisch sind alle Männer bis zweiunddreissig in der Armee. Und obwohl jeder, der in »diesem Verein« ist, hin und wieder darüber flucht, dürfen Sie das nicht als Freibrief für spitze Bemerkungen nehmen.

Sie haben vielleicht manches Unglaubliche über das Schweizer Armeesystem gehört und sind deshalb nicht sicher, ob das alles stimmt. Hier die Tatsachen: Mit zwanzig geht der diensttaugliche Schweizer für 15 Wochen in die *Rekrutenschule* (RS). Danach besucht er acht Jahre lang alljährlich für drei Wochen den *Wiederholungskurs* (WK). Es sind *Inspektionen* (Uniform und Waffen vorzeigen) und *Obligatorische* (20 Schuss abfeuern) zu absolvieren – mit dem eigenen Sturmgewehr. Jeder bewahrt seine Waffe zu Hause auf, Gewehr gut versorgt, Verschluss separat versteckt (das ist wichtig, ja Pflicht). Bis in die jüngste Vergangenheit war auch die Taschenmunition zu Hause aufzubewahren. Aber etwa 300 Tote jährlich mit Militärwaffen (vor allem Familiendramen und Freitode) waren verschiedenen Politikern doch zu viel. Die Waffengegner setzten sich halb durch: Die Munition bleibt seit 2008 im Zeughaus. In einer Volksabstimmung konnten die Schweizer 2011 darüber befinden, ob diese Praxis noch verschärft werden sollte und die Soldaten ihre Schusswaffen (die sie nach geleistetem Dienst behalten dürfen) doch nicht mehr unter dem Bett oder im Schrank aufbewahren müssten. Die »Waffenschutzinitiative« hatte aber gegen die Liebe der Schweizer zu Traditionen keine Chance: über 56 % Nein-Stimmen bedeuteten ein klares Resultat. Wer seine Waffe nicht im Schrank oder auf dem Dachboden lagern will, kann sie seit 2010 sogar ohne Angabe von Gründen und kostenlos, aber natürlich nur sauber gereinigt, bei einer »Retablierungsstelle« hinterlegen. So viel zum Leben des Soldaten, der mit allen verschiedenen Diensten auf 260 Tage Militärpräsenz kommt. Die Dienstzeit kann seit Kurzem auch am Stück geleistet werden. Die sogenannten Durchdiener bleiben dann während zehn Jahren in der Reserve eingeteilt.

Wer die Offizierslaufbahn einschlägt – zum Unteroffizier werden die Rekruten manchmal auch gezwungen –, kommt im RS-Rhythmus auf eine weit höhere Zahl von Diensttagen, die akribisch im *Dienstbüchlein* (Buchtipp: *Dienstbüchlein* von Max Frisch) notiert werden: Nach der Unteroffiziersschule (4 Wochen) wird dieser Grad mit einer RS *abverdient*. Als Leutnant absolviert man ein Jahr später – natürlich als Leutnant – eine weitere Rekrutenschuleinheit. Ein Hauptmann bringt es damit auf etwa drei Jahre Dienstzeit. Darüber, beziehungsweise wie die Kosten berechnet werden sollen, wird stets gestritten.

Die einen behaupten, die Schweiz habe eine billige Armee, und verweisen auf Direktkosten wie Waffen, Uniformen, Verpflegung und Sold (für Soldaten CHF 5,- pro Tag), die anderen finden die Armee übertrieben teuer, weil Lohnausfälle (zum Teil vom Staat übernommen) einen grossen volkswirtschaftlichen Schaden anrichteten und die – weltweit gerühmten – Zivilschutzkeller ebenfalls zu den Armeekosten zu zählen seien.

Nach langem Kampf ist in der Schweiz seit 1996 endlich auch Zivildienst möglich. Wer aus Gewissensgründen keinen Militärdienst leisten will, muss von einer Kommission sein Gewissen prüfen lassen. Um Drückeberger abzuschrecken, haben Zivildienstler eineinhalbmal soviel Diensttage zu leisten wie gewöhnliche Soldaten, also 390 Tage. Die Einsätze können geleistet werden in Spitälern, Alters- und Pflegeheimen und in weiteren Bereichen, die ziemlich viel »Gewissen« erfordern, soll der »Zivi« nicht schwach werden und doch noch zur Waffe greifen wollen.

In den Jahren, in denen er seiner Militärpflicht nicht nachkommt, bezahlt der Dienstpflichtige den *Militärpflichtersatz*, der sich nach Einkommen und bereits geleisteten Diensttagen berechnet. Einer, der null Diensttage aufzuweisen hat, kommt schnell auf 500 bis 1000 Franken. Wer sein Leben lang an den Rollstuhl gefesselt ist, hat Pech gehabt – er zahlt gleichfalls. Einer Rollstuhldemo vor dem Bundeshaus beschied die Mehrheit der Parlamentarier, man könne »vorerst« auf diese Einnahmen nicht verzichten. 2012 handelte es sich insgesamt um 162 Millionen (bei einem Militärbudget von etwa 4,4 Milliarden) Franken. Dies scheint im Sinne des Volkes zu sein. 1994 konnten für die Initiative »Eine Schweiz ohne Militärpflichtersatz«

keine 100 000 Unterschriftswillige gefunden werden. 2009 wollte es ein Vater genau wissen und ging bis vor den Europäischen Gerichtshof für Menschenrechte. In Strassburg waren sich die Richter einig: Der Militärpflichtersatz für Teilinvalide verstösst gegen die Europäische Menschenrechtskonvention.

Um auf Frisch zurückzukommen: Der Wert der Armee – über ihre Schlagkraft zu rätseln, wollen wir anderen überlassen –, ihr Wert in der Schweiz lässt sich schwer fassen. Dass nämlich Ehemänner und Väter – um nur zwei Kategorien herauszugreifen – für drei Wochen in den »Bundesferien« weilen, bekommt häufig Ehemännern wie -frauen gar nicht schlecht. Obwohl in unserem Autorenteam ein Psychologe steckt, wollen wir da nicht spekulativ ins Detail gehen. Zu den Ferien von daheim kommt die kollektive Erinnerungsaufwärmerei, die vielen Männern unzweifelhaft seelisches Labsal bedeutet. Die Frauen – so haben wir uns glaubwürdig versichern lassen – könnten sich teilweise nach der Verabschiedung am Bahnhof einen kleinen Seufzer der Erleichterung nicht verkneifen.

Und all das, die schönen Manöver Blau gegen Rot (»Im Bodenseegebiet ist eine 100 000 Mann starke Armee – Rot – in die Schweiz eingefallen und versucht blablabla, während sich schräg vis-à-vis von Kleindöttingen die 4. Felddivision – Blau – in Stellung geworfen hat.«), die *Défilés* (Truppenparaden), die markigen Reden über die wehrhafte Schweiz, die Komplimente aus dem Ausland (ein chinesischer Militärattaché verglich die Schweizer Armee mit dem wohlbekannten Militärsackmesser, »klein, aber fein«), das Gewehr für den Notfall im eigenen Haus (viele Suizide und mit Waffengewalt gelöste Ehe- und Eifersuchtskrisen, obwohl die Armeesprecher keine signifikanten Unterschiede zum Ausland sehen wollen), die tolle Kameradschaft und das Gefühl, sich notfalls gegen die ganze Welt verteidigen zu müssen – all das soll einfach nicht mehr sein? Die *Gruppe Schweiz ohne Armee* (GSoA) liess mit einer Verfassungsinitiative das Volk über die Armee abstimmen und erzielte im Land, das nicht einmal einen Zivildienst kannte, 35 Prozent Ja-Stimmen. Ein Schock im Lande Tells und Winkelrieds. (Filmtipp: *Palaver, Palaver* von Alexander Seiler.)

Dem etwas seltsam folkloristischen Element der Schweizer Wehrhaftigkeit begegnen Sie nicht nur im marschierenden (eben nicht »umherirrenden«) oder im Zug reisenden Soldaten, der locker sein Gewehr bei sich trägt. Mit ein bisschen Glück wollen Sie mit Ihrem Auto gerade da durch, wo ein *Waffenlauf* für abgesperrte Strassen sorgt. Freiwillig und in ihrer Freizeit laufen an Ihnen Tausende Soldaten in Uniform (also eigentlich ohne Turnschuhe) und mit der *Minimalpackung* (inkl. Sturmgewehr oder Karabiner) vorbei – wieder nur im Kampf um Ehre und Selbstbeweis.

Im ungünstigen Fall steht in der näheren Umgebung Ihrer Übernachtungsgelegenheit einer der 2400 Schiessstände, und wie der Zufall so spielt, suchen Sie gerade dann Ruhe, wenn das *Eidgenössische Feldschiessen* auf dem Programm steht. Ganze drei Tage lang sind dann gegen 300 000 Schützinnen und Schützen am Drücker, jagen je 18 Schuss auf die 300 Meter entfernten Scheiben (eine europaweit unüblich grosse Distanz) und versuchen wieder einmal, in die besagten Kränze zu kommen.

Der weitverbreitete Schiesslärm ist mittlerweile Diskussionsthema, Stimmen werden laut, die das Obligatorische gerne ersatzlos gestrichen oder zumindest ein Sonntagsschiessverbot eingeführt sähen. Der *Schweizerische Schützenverein* (SSV) ist aber einer der einflussreichsten, weil grössten Vereine Helvetiens. Und dieser SSV, der sich gegen straffere Waffengesetze im Land, wo sich etwa vier Millionen Feuerwaffen in Privatbesitz befinden, wehrt – in der Schweiz sind zwar Faustfeuerwaffen waffenscheinpflichtig, nicht aber Gewehre und Maschinenpistolen, was nicht nur Kroaten und Serben zu Waffenkäufen im Tessin verleitete –, dieser SSV also hat Lärmempfindlichkeit mittels Schiessvorgangsanalyse in den richtigen Zusammenhang gesetzt. Zitat aus den *Richtlinien des SSV über die Umwelt*: »Durch die Entzündung des Pulvers im Geschoss wird eine Explosion ausgelöst. Diese erzeugt Druckschwankungen in der Atmosphäre, welche durch unser Gehör als Schall wahrgenommen werden. Das Gehör verarbeitet einen solchen Reiz, und dieser wird als ›Lautheit‹ empfunden und je nachdem als Harmonie oder Dissonanz empfunden.« So weit noch nachvollziehbar. Nun aber der Hinweis an unsere Touristen und die notorischen Nörgler: »Vergleichen wir den Schiesslärm mit anderen Lärmquellen von gleich grosser ›Lautheit‹, stellen wir fest, dass dem Schiesslärm eine viel zu grosse Bedeutung beigemessen wird.« Lassen Sie sich das gesagt sein, oder schiessen Sie beim Feldschiessen gleich mit – der Wettkampf, der weltweit keinen Vergleich kennt, steht auch Ihnen offen.

Aufs vieldiskutierte Obligatorische könne man nicht verzichten, beschied das Eidgenössische Militärdepartement (EMD), da der »disziplinierte Präzisionsschuss« wichtiger Bestandteil der Wehrhaftigkeit sei. Als Kompromiss wurde die Schusszahl von 24 auf 20 gesenkt, und die Kosten wurden vom EMD übernommen.

Sollten Sie jetzt den Eindruck haben, die Schweiz beziehungsweise die Exponenten im Militär würden am Kalten Krieg festhalten, ihm nachtrauern oder schon vorsorglich weiterrüsten wie bisher, müssen wir Sie wieder einmal belehren. Vor 1995 waren's noch 100000 Reservisten mehr. Neuerdings wird auf eine »schlanke« Armee gesetzt. Wie kompliziert sich die Abrüstung im Einzelnen für den Einzelnen gestaltet hat, können wir aus Platzgründen nicht schildern, möchten die Gelegenheit jedoch dazu benutzen, all jenen, die an den Schalthebeln der Macht sitzen, die Erkenntnis mit auf den Weg zu geben: Entlassen ist mit erstaunlichem administrativem Aufwand verbunden. Überlegen Sie sich's genau.

Übrigens: Auch wer militärdienstuntauglich ist, leistet seinen Teil – im *Zivilschutz*. Da ist man *Pionier Brandschutz*, *Blockwart* oder *Sanitäter* und absolviert so alle zwei, drei Jahre einen drei- bis fünftägigen Kurs. Als Ausländer werden Sie auf die ständige Wehr- und Schutzbereitschaft aufmerksam, wenn plötzlich in der ganzen Stadt die Sirenen heulen und keiner davon Notiz nimmt. Das turnusgemässe Sirenentestgeheul wird tags zuvor in den Medien angekündigt. Sollte tatsächlich einmal vor etwas gewarnt werden, keiner würde es merken. So, jetzt können Sie schon ein wenig mit den Schweizern über ihr liebes Militär palavern. Noch ein Hinweis: Wenn einer behauptet, er sei der *Genietruppe* zugeteilt, will er möglicherweise nicht witzig sein. Das Ingenieurwesen – flink passable Brücken bauen – heisst im Schweizer Militär tatsächlich so.

Ähnlich erschrecken wie über die plötzlichen Sirenentöne könnten Sie jeweils frühmorgens kurz vor Weihnachten. Wenn draussen ein Höllenlärm herrscht, als ob sich eine gewalttätige Demo durch die Strassen wälzte, ist lediglich *Schulsilvester*, ein Brauch, den vor allem Lehrer gerne abschaffen würden. Sie sollten am Vorabend Ihre Klingel abschalten. Der Erste dürfte zwischen 3 und 4 Uhr das *Glöglispiel* beginnen. Aber im Allgemeinen denkt man sowieso erst daran, wenn's zu spät ist, dass die Schulkinder (im Kanton Zürich) den letzten Schultag im alten Jahr vor den Weihnachtsferien durch Zusammenrottung und allerhand Streiche feiern.

Nochmals zurück zum Sport: Sollten Sie als Fussballfan sich ein Spiel im Stadion ansehen, dürften Sie von der Stimmung in der Regel eher enttäuscht sein. Durchschnittlich sind in der obersten Liga etwa 10 000 Zuschauer anwesend. Auch da gibt's allerdings eine gloriose Ausnahme: Basel ist seit Jahren absolut fussballverrückt. Gibt es einen Titel oder einen grossen Sieg zu feiern, sind die Strassen voll wie in Rom, das schöne neue Stadion ist fast immer ausverkauft, und die lokalen Mäzene werden vom gemeinen Volk begeistert auf den Schultern getragen, als ob sie auch einen Teil von deren Milliarden geerbt hätten. Tatsache ist aber auch, dass der Schweizer Fussball ganz allgemein einen Aufschwung genommen hat. WM-Teilnahmen sind nicht mehr die Ausnahme, in der Bundesliga spielt ein gutes Dutzend Eidgenossen, und die Hysterie um die Euro 08 trug das Ihre dazu bei: Neue Stadien in Zürich und Bern und die (letztlich enttäuschte) Hoffnung auf tolle Resultate der einheimischen Mannschaft steigerten das Interesse. Doch insgesamt ist von der Schweiz nicht viel zu erwarten. Der Markt für wirklich teure Mannschaften ist schlicht nicht vorhanden.

Kommen Sie im Winter zu Besuch, empfehlen wir Ihnen einen Eishockeymatch. Am besten einen der Kantonderbys wie Zürich-Kloten (im *Hallenstadion*) oder Lugano-Ambri/Piotta (in der *Resega* oder noch exotischer in der *Valascia* in Ambri, einem Paarhundertseelendorf, wo aber 7000 ins Eisstadion kommen) – vorausgesetzt natürlich, dass die genannten Mannschaften noch in derselben Liga spielen. Die Hysterie während dieser Spiele ist – mindestens in der Schweiz – kaum mehr zu überbieten. Der *Schlittschuhclub Bern* (SCB) beispielsweise ist mit einem Zuschauerdurchschnitt von etwa 16 000 pro Spiel europaweit unerreicht.

Eigenartiges gibt es von der Schweiz als Segelnation zu berichten. Als erstes Binnenland gewann ein Schweizer Team (in welchem tatsächlich etwa zwei Schweizer mitmachten) 2003 in Neuseeland den America's Cup. Und schon sah man sich hier zu den grossen Seglern zugehörig. Eine Einschätzung, in der die Schweiz 2007 nach der erfolgreichen Verteidigung des Titels bestätigt wurde. Seither haben Segelclubs regen Zulauf.

Auch über die Fasnacht wäre noch das eine oder andere Wort zu verlieren oder darüber, warum wir uns in diesem Fall lieber zurückhalten: Über die Zürcher, Basler, Luzerner Fasnacht zu schreiben ist für Nichtfasnächtler nahezu unmöglich – und die Autoren gehören zu dieser seltsamen Gruppe von Menschen, sind also Aussenstehende wie Sie. Für solche Aussenseiter, wie wir und Sie es sind, erscheint uns die Zürcher Fasnacht zum Mitfeiern als die empfehlenswerteste. Ha! werden nun die Basler empört rufen, und Hoho! die Luzerner nicht minder empört höhnen. Unsere Rechtfertigung: Die Zürcher Fasnacht ist (ähnlich wie die in Venedig) ein relativ junges Festprodukt und darum nach aussen hin weniger abgeschottet. Zwar werden Sie als Fremder auch in Zürich nicht gleich zum Ehrenmitglied einer der *Guggen* (Musiktrupps) ernannt, die bei der Fasnacht auf den Strassen und in den Beizen (maskiert) den schrägen bis richtigen Ton angeben, aber Sie können sich ohne Hemmungen unverkleidet unter dieses Karnevalsvolk mischen. Sie können mitsingen, auf den Kneipentischen tanzen und den Rhythmus auf irgendetwas mittrommeln, ohne dass Sie sich wie ein Eindringling in einer geschlossenen Gesellschaft fühlen.

Und wiewohl die Zürcher Fasnacht von den richtigen Fasnächtlern aus Basel und Luzern nicht besonders ernst genommen und geschätzt wird, verströmt sie doch – verglichen mit dem Mainz-wie-es-stinkt-und-kracht-Standard – eine geradezu karibisch-brasilianische Lebensfreude. Und erst die Luzerner Fasnacht!, sagen die Luzerner und haben damit völlig recht. Da geht es noch viel höher zu und her. Denn Luzern ist wirklich katholisch und feiert nicht nur eine ein bisschen katholisch-sinnlich angestrichene Fasnacht wie Zürich. Doch nach allem, was wir so von Luzerner Fasnächtlern wissen, ist ihre Fasnacht eher eine Art Klassentreffen. Vielleicht stimmt das aber auch nicht. Lassen Sie sich vom Gegenteil überzeugen!

Was nun Basel betrifft – wo die Guggen in der Minderzahl sind und die *Cliquen* den Ton angeben und, statt abenteuerlich zu musizieren, diszipliniert trommeln und pfeifen –, es begeht die Fasnacht melancholisch getönt. Sehr archaisch und eindrucksvoll und hinter den Kulissen sicher auch lustig, aber insgesamt mehr ein Schauspiel als etwas zum Mitmachen. Zur Basler Fasnacht gehören *Schnitzelbänke,* witzige, scharfzüngige Verse, die Prominenz und Ereignisse des Jahres ebenso auf die Schippe nehmen, wie die ungeliebten Zürcher. Ohne Dialekt-Kenntnisse bleibt Ihnen der Spass allerdings verwehrt.

Wir haben Ihnen manch klassisches Fest vorenthalten: die *Fêtes des Vignerons,* den *Berner Zibelemärit,* manch seltsam urwüchsiges Brauchtum aus dem Muotatal, Graubünden oder Wallis, selbst den 1. *August* haben wir nicht weiter beschrieben, den Nationalfeiertag, einen der wenigen Anlässe, an denen man ohne polizeiliche Erlaubnis Feuerwerk abbrennen darf. Ebenfalls aus Platzmangel unterschlagen haben wir Ihnen das *Zürcher Sechseläuten,* zu dem der *Böögg* (ein mit Knallfröschen und Böllern gefüllter Papierschneemann, der den Winter versinnbildlicht) verbrannt wird, umritten von reichen Zürchern, die in ihrer Körperhaltung an vollgeschissene Strümpfe erinnern und trotzdem nicht aus den Sätteln kullern. Die *Landsgemeinden* in Ob- und Nidwalden, Appenzell und Glarus wären auch noch der Erwähnung oder Beschreibung wert, wie das Pferdefest in Saignelégier (Jura) oder die *Gansabhauet* in Sursee. Wir haben uns mit einer Auswahl beschieden, die nicht den Anspruch auf Vollständigkeit, nicht mal den auf Ausgewogenheit erhebt. Sagen Sie jedenfalls nicht, der Schweizer verstehe nicht zu feiern.

Das geteilte Ärgernis

Dass in der Schweiz alles seine Geschichte hat, die überdies immer immens wichtig genommen wird, ist Ihnen mittlerweile geläufig. Dem entziehen wir uns nicht, wenn wir Ihnen in wenigen Sätzen schildern, wie es zum vorliegenden Kapitel über den Kanton Jura gekommen ist: Sie halten nicht die Urfassung der *Gebrauchsanweisung für die Schweiz* in Händen, sondern eine überarbeitete Version. An dieser Stelle stand ursprünglich eine kaum überblickbare Menge an Zahlenmaterial über die Schweiz. Das kostete uns einerseits eine Menge *Nifelibüez* (Kleinarbeit), andererseits die eine oder andere Freundschaft. Kurz: Das Kapitel über Statistisches ermüdete die uns bekannte Leserschaft zu sehr, als dass wir auf einer Aktualisierung der Zahlen (Beispiel: »Das Trinkwasser von jährlich 1200 km^3 wird gewonnen aus Quell- [43 Prozent], Grund- [39 Prozent] und Seewasser [18 Prozent], wovon 38 Prozent so rein sind, dass sie nicht aufbereitet werden müssen.«) beharren wollen. Da ist uns eine andere Arbeit lieber.

Wir haben uns für die punktuelle Vertiefung entschieden: An dieser Stelle wollen wir einen Kanton genauer vorstellen. Wir haben uns für den Kanton Jura entschieden. Das muss böses Blut geben ob all der verschmähten Kantone. Wie wollen wir begründen, dass ausgerechnet der Kanton Jura näher unter die Lupe genommen wird? Etwa so:

In erster Linie war's eine emotionale Entscheidung zugunsten des politischen *Underdogs*. Zudem ist die Gegend schön, ausländischen Touristen wenig bekannt und im wirtschaftlichen Um- und Aufbruch. Und schliesslich ist hier vieles auf den ersten Blick unschweizerisch, was auf den zweiten Blick wieder sehr schweizerisch ist. Also ein gutes Beispiel fürs Ganze – vielleicht so gut wie jeder andere Kanton, wenn auch anders. Denn hier wurde seit 1815 bisher einmalig die Schweizer Landkarte verändert: Der Kanton Jura existiert erst seit 1979 und musste dafür jahrhundertelang kämpfen. Seit 1815 empfanden sich die katholischen, französischsprachigen Jurassier des Kantons Bern – zumindest die Separatisten unter ihnen – als Untertanen der deutschsprachigen, protestantischen Bundesstadt, zu deren Kantonsgebiet sie zwar gehörten, womit sie sich aber je länger, desto weniger arrangieren konnten.

Nun stecken wir schon mitten im Streit und wollten eigentlich beschaulich beginnen, vor allem nicht mit Politik und Geschichte. Aber welche Gegend hier lässt sich schon ohne Rück- und Querblick erfassen? (Buchtipp: *Jura* von Margit Wagner.)

Als Erstes ist die Unterscheidung der Gegend Jura und

des Kantons gleichen Namens wichtig. Die Jurakette reicht von Genf bis Basel und auch zu einem guten Stück über die Grenze nach Frankreich hinein. Dieses sanfte Gebirge entstand vor etwa 50 bis 60 Millionen Jahren, gab dem Jura-Zeitalter seinen Namen, den sich Spielberg für seinen Dinosaurierfilm *Jurassic Park* ausgeliehen hat. Der kleine Kanton Jura erstreckt sich in diesem Gebiet, beansprucht aber flächenmässig nur wenig der ganzen Jurakette.

Vom Regen abgeschliffen, ist der alte Jura neben den viel jüngeren Alpen kein imposantes Gebirge mehr. Die lieblichen Hänge und Hügel nehmen einen mit dem weiten Horizont, den grünen Hochebenen und den doch überraschenden Wechseln im Landschaftsbild gefangen. Wer hier mit dem Auto unterwegs ist, mache sich auf eine Berg- und Talfahrt gefasst mit Haarnadelkurven, Steilstrecken und Strassen, die den geschickten Fahrer vielleicht in Versuchung führen, Wagenfederung und persönliche Kurventechnik auszureizen. Autobahnen gibt's im Kanton Jura (noch) nicht. Dafür viele Pferde – davon später mehr.

Dass in diesem niederschlagsreichen Gebiet eigentlich überraschend wenig Flüsse und Bäche anzutreffen sind, liegt an der Unterlage: Im leicht löslichen Kalk taucht manch ein Bach plötzlich in den Untergrund ab und kommt erst Kilometer weiter wieder zum Vorschein, mit neuem Namen und ohne Vergangenheit, für die er haftbar gemacht werden könnte. Höhlenforscher und Grottentaucher finden unter dem porösen Sickerboden kleine Paradiese mit Stalaktiten (die von oben hinunter) und Stalagmiten. Der Kalkstein prägt das Aussehen vieler historischer Bauten.

Die abrutschenden Felsschichten, Kerbtäler und nackten Felswände stehen in einem spannenden Kontrast zu den Wäldern und Wiesen. Der Jura ist grün. Weisstannen und Fichten bestimmen die Flora, das feuchte Klima lockt die Pilzsammler. Immer wieder streichen starke Westwinde über das Gebiet, das auf der Landkarte als Schweizer Zipfel nach Frankreich hineinragt. Für Touristen gehören im Sommer Reiten und Wandern zu den bevorzugten Aktivitäten, im Winter ist der Jura ideal für Langläufer und Schneeschuhwanderer.

Im Land der Kreten, Klusen und Karsterscheinungen, in deren Schwundlöchern sich Bäche verabschieden, lebt ein Volk, das von Besuchern als freundlich, offen und kontaktfreudig geschildert wird. Neue Ideen haben es hier leichter als in anderen Berggebieten, vielleicht weil die Berge nur noch Hügel sind und den Weitblick nicht allzusehr verstellen. Vielleicht aber hat die Jurassier auch der Kampf um Freiheit und Unabhängigkeit weltoffener und europatauglicher gemacht. Stimm- und Wahlrecht für Ausländer sind auf jeden Fall eine Errungenschaft, die man in anderen Kantonen vergeblich sucht. Zeit für Geschichte und Politik.

Das Vertrackte an einem geschichtlichen Rückblick ist, dass die Historie nie irgendwo begonnen hat. Vor den Burgundern waren die Römer, davor die Kelten und so weiter, und alle sind sie schuld und wollen es nicht sein.

Beginnen wir also die Geschichte des Juras mit einem Datum, das man sich merken kann: 999. Viele glaubten damals das Ende des in der Bibel beschriebenen »Tausendjährigen Reichs« auf sich zukommen zu sehen und diagnostizierten Handlungsbedarf. Der verängstigte burgundische König Rudolf III. blieb nicht untätig: Er half, den drohenden Weltuntergang abzuwenden, indem er Teile seines Reiches der Kirche überschrieb. So bekam der Bischof von Basel den Jura zum Geschenk, was – um vorzugreifen – im Nordjura den Katholizismus erhielt, als rundum der Protestantismus sich Bahn brach.

Eine weitere wichtige Jahreszahl ist 1815. Damals sass der Wiener Kongress brütend (und tanzend) über der Europakarte, um die Grenzen nach Napoleons Niederlage neu festzusetzen. So wurde das »Bistum Basel« (also der »Berner Jura«) dem Kanton Bern zugeschlagen – als Entschädigung für verlorene Gebiete, aber auch als Bastion gegen Frankreich. Dass die Bevölkerung des Juras dazu nichts zu sagen hatte, verstand sich von selbst. Denn diese Gegend war schon immer dünn besiedelte Manövriermasse der Mächtigeren.

Auch daraus mag sich vielleicht ein Teil der hier tief im Volk verankerten grundsätzlichen Skepsis gegenüber Armeen und anderen staatlichen Machtinstrumenten erklären. Eine Skepsis, die die Jurassier immer wieder belegen; am deutlichsten, als sie die Verfassungsinitiative zur Abschaffung der Schweizer Armee mehrheitlich befürworteten.

Seit 1815 bestand also eine Art Kriegszustand zwischen dem Jura und Bern. Bereits 1826 setzte die erste separatistische Bewegung an. Bern reagierte mehr als einmal mit Polizei und Armee, gebärdete sich wie eine Kolonialmacht. Gleichzeitig verschoben sich die Bevölkerungsanteile im Jura durch die Einwanderung armer Berner: Protestanten und Deutschsprachige setzten vor allem im Südjura mehr und mehr Akzente, was dieses Gebiet zum Liebkind der Stadtberner Regierung machte und die weiter nördlich lebenden Bergler noch mehr ins Abseits stellte.

Die letzte Jura-Krise, die schliesslich zu einem selbständigen Kanton Jura führte, begann 1947, als die separatistischen Jurassier als Reaktion auf die Berner Arroganz das *Rassemblement jurassien* gründeten – und die Antiseparatisten als Reaktion darauf die *Force démocratique*. Von sich reden machten in der Schweiz vor allem die Aktionen der politischen Jugendorganisationen dieser beiden Gruppierungen: Die jungen Separatisten nannten sich *Béliers* (Widder), denen die berntreuen *Sangliers* (Wildschweine) gegenüberstanden. Vor allem diese beiden verschiedentlich militanten Organisationen lieferten einander einen derart widderwärtigen und saumässigen Kampf, dass der Rest der Schweiz häufig mit Unverständnis und Ärger das Gezänk im Jura zur Kenntnis nahm. Die Auseinandersetzungen hinter den sieben Bergen bei den sieben Zwergen gingen den Schweizern ziemlich auf die Nerven, denn es störte die Ruhe und das Bild der nach aussen zur Schau gestellten Einigkeit des Volkes.

Dennoch schafften die Separatisten Unglaubliches: 1974 durften alle Jurassier – aber nur sie – abstimmen, ob's einen neuen Kanton Jura geben solle. Überraschenderweise stimmten trotz massiver Propaganda aus Bern (»nicht lebensfähig«, »wirtschaftliche Katastrophe«, »verwaltungsorganisatorisches Unding«) 52 Prozent der Jurassier zu. In einer weiteren Abstimmung musste sich jede Gemeinde entscheiden, ob sie bei Bern bleiben oder zum neuen Kanton gehören wollte. Die Trennung in separatistischen Nord- und berntreuen Südjura war perfekt. Oder zumindest fast. Denn letztlich musste die ganze Schweiz noch darüber abstimmen, ob der Jura sich als neuer Kanton konstituieren dürfe.

Mit einem durchschnittlichen Ja-Anteil von 82 Prozent stimmten 1978 die Schweizerinnen und Schweizer für einen Kanton Jura, wobei die Tessiner mit 95 Prozent am positivsten und die Berner mit 70 Prozent am skeptischsten reagierten. Alles wird gut, man muss nur lange genug darüber abstimmen.

Glauben Sie aber nicht, damit sei das Problem gelöst gewesen, es wurde vorerst halbiert. Denn eigentlich strebt der Nordjura noch immer nach Vereinigung mit dem Süden und so weiter. Gegenwärtig hat sich das *Gschtürm* um den Jura insofern ein wenig beruhigt, als die Europadiskussion gerade in der Romandie derart intensiv geführt wird, dass Lokalpatriotismus und Miniseparatismus in den Hintergrund treten.

Dennoch: Gehen Sie mit dem politischen Thema sorgsam um, versuchen Sie, Ihre Französischkenntnisse mit Unverfänglichem zu beweisen. Die Wunden sind noch frisch, der Streit hat manchen ruiniert. Tatsache ist aber, dass der junge Kanton Jura nicht nur nicht bankrott gegangen ist, sondern in der Eigenständigkeit sogar einen wirtschaftlichen Aufschwung genommen hat, den man nicht für möglich gehalten hätte. Es ist im Gegenteil der berntreue Südjura, der insgesamt der wirtschaftliche Verlierer ist, gegen Abwanderung kämpft – und neuerdings vermehrt mit seiner Identität Probleme hat.

Der kleine Kanton mit den Schwerpunkten Porrentruy (Pruntrut), Delémont (Delsberg) und Franches Montagnes (Freiberge) um das Städtchen Saignelégier schaffte den *Turnaround* nicht zuletzt dank Intensivierung des Tourismus.

Professionelles Auftreten der *Fédération du tourisme de la République et Canton du Jura* (Tel. 032 952 19 53 oder 0 900 556 900) lockte viele ins Randgebiet der Schweiz. Der Kanton ist klein genug, dass man ihn sich zu Fuss, per Fahrrad oder zu Pferd erschliessen kann. Nichts sollte jedoch darüber hinwegtäuschen, dass die Leute hier ihr Leben vor allem in der Industrie verdienen. Als Zulieferer für Uhrenfirmen beispielsweise kommen sie zwar zu Arbeit, aber nicht zu klingenden Namen. Tissot, Longines, Ebel, Rolex – viele Teilchen für diese Renommiermaschinen kommen aus dem Jura. Doch die Fertigungsfabriken stehen anderswo.

Delémont, Hauptstadt des neuen Kantons, war früher Sommerresidenz der Fürstbischöfe aus Basel und kam daher zu einem Schloss. Wie wichtig dieser Teil der Vergangenheit ist, zeigt sich nicht zuletzt am Kantonswappen: Der Bischofsstab ist darin verewigt wie in den Wappen der beiden Halbkantone Basel-Stadt und Basel-Land. Ein weiteres Beispiel dafür, dass der Sprachenstreit nicht im Vordergrund stand. Denn umgekehrt spürt man auch in Basel die geistige Nähe zum Jura und dem Frankophonen. Frankreich, Elsass, Deutschland, Basel, Bern – auf dieser geografischen Kreuzung wurde zwar manch historischer Konflikt ausgetragen, der aber neben dem Leid auch kulturelle Bereicherung und Vielfalt brachte.

Da Delémont weder in Kriegen zerstört noch im Zuge eines Wirtschaftsbooms niedergerissen wurde, hat das Städtchen einen fast musealen Charakter. Die Kirche Saint-Marcel steht buchstäblich noch im Dorf, sie wurde 1760 als dreischiffige Basilika errichtet. In den letzten Jahren war gerade in der neuen Kantonshauptstadt der frische Wind besonders gut zu spüren. Der Verwaltungsapparat musste auf die Beine gestellt werden, Bautätigkeit überzog die Stadt. Zumindest eine Berühmtheit aus Delémont dürfte Ihnen zu guter Letzt bekannt sein: Hier wird seit Jahrzehnten das »Schweizer Offiziermesser« (mit weissem Kreuz auf rotem Grund) hergestellt.

Von Delémont aus lässt sich gut in die Umgebung ausfliegen: Bellelay mit seiner Barockkirche, das Gotteshaus von Courfaivre mit den Glasfenstern von Fernand Léger, den Col des Rangiers oder die Birs entlang durchs Laufental Richtung Basel. Und Richtung Süden durch das Tal von Saint-Imier nach Biel, vorbei an Courrendlin, Roches (Kluse der Birs), Moutier (Achtung: Hauptstadt des Südjuras mit grossem Separatistenanteil), Court und die Höhe von Pierre Pertuis.

Oder über den Passübergang Les Rangiers am Mont Terri nach Pruntrut. Die einen vermuten hinter Mont Terri den »Mont Terrible« (schrecklicher Berg), die anderen den Berg ohne Brunnen. Jedenfalls: Von hier blickt man in die Ajoie, ein Gebiet, das fast ganz von Frankreich, von Elsass und Burgund, umschlossen ist, sprachlich eine Grenzregion zwischen Deutsch und Französisch. Auch Durchgang für verschiedene Armeen, und wenn nichts dergleichen passiert, eher eine vergessene Gegend; in der Mitte der Ajoie Porrentruy (Pruntrut) mit etwa 7500 Bewohnern.

Auch hier wurde das Stadtbild liebevoll gepflegt. Die Schönheit der Strassen, Gassen und Häuser mit jahrhundertealter Vergangenheit überwältigt den Neuankömmling. Pruntruts Wappentier ist das Wildschwein. Dies nahm sich – wie gesagt – die berntreue Jugend ironischerweise als Vorbild. Zu einer Zeit, als Pruntrut noch berntreu war. Und als Pruntrut kippte, war's zu spät, vom Wildschwein Abstand zu nehmen.

Eindrückliche historische Bauten laden zu Besuch und Besichtigung: Schloss, Porte de France, Pfarrkirche Saint-Pierre (14. Jahrhundert), Barockbauten im Stadtzentrum wie das Rathaus, aber auch Brunnen aus dem 16. Jahrhundert. Daneben verblüfft das kleine Städtchen mit einem (zu) grossen Bahnhof – aus vergangenen Zeiten. Zu Beginn des Eisenbahnzeitalters im vorletzten Jahrhundert suchte und fand Bern Anschluss ans französische Eisenbahnnetz über den Jura. So wurde Porrentruy zum Tor nach Frankreich und ein wichtiger Umschlagplatz für Güter aller Art. Kaum wechselte nach dem Ersten Weltkrieg das Elsass den Besitzer, lag Basel strategisch besser und prosperierte zum Leidwesen von Pruntrut.

Hier gilt im Übrigen, was Ihnen für die ganze Romandie als Warnung mitgegeben werden soll: Seien Sie nicht sicher, dass man Sie und Ihre Sprache nicht versteht. Das Deutsche ist hier – historisch bedingt – nicht sehr beliebt. Auch jene, die vielleicht kaum Mühe hätten, sich mit Ihnen auf Deutsch zu unterhalten, beharren auf dem Französischen. Gerade Porrentruy spielte während des Zweiten Weltkriegs diesbezüglich eine kulturell interessante Rolle: Hier taten sich drei Studenten zusammen, denen das Schicksal des besetzten Nachbarn Frankreich zu Herzen ging. Um der französischen Sprache ein freies Forum zu sichern, gründeten sie den Verlag *Portes de France*. Das Zeichen kulturellen Widerstandes verlor nach Kriegsende seine Bedeutung, der Verlag wurde aufgelöst. Die drei Initianten blieben allerdings ihren Idealen treu: Jean Cuttat wurde »jurassischer Dichter«,

Pierre-Oliver Walzer verfasste eine bedeutende jurassische Anthologie, und Roger Schaffter, der Dritte im Bunde, kämpfte als Politiker für einen »freien Jura«.

Vom Col des Rangiers blickt man also in die Ajoie. Dorthinauf kommt man mit dem Auto. Doch wer mit dem Zug nach Pruntrut fährt, nimmt eine andere Route, durch viele Tunnels. Und zwischen zwei Löchern liegt das sagenumwobene Saint-Ursanne. Vom hochgelegenen Bahnhof aus blickt man als Erstes auf die Kirche und dann auf die dichtgedrängten mittelalterlichen Häuser. Strassen, Wege, Brücken, Häuser – alles scheint auf die Kirche zentriert, vor der auf dem Brunnen endlich jener steht, der Saint-Ursanne seinen Namen gab: der heilige Ursicinus, das heilige Bärchen.

Urs ist in der Deutschschweiz ein geläufiger Vorname. Die Romands belächeln dies, denn dass man sich »Bär« nennen kann, ist für sie ein starkes Stück. Der irische Mönch Ursicinus soll sich im 7. Jahrhundert – noch unter anderem Namen – in der wilden Gegend am Doubs niedergelassen und sich schon bald den Ruf eines Wundermannes erworben haben. So sei sein Esel eine Felswand hinuntergestürzt und bald darauf unversehrt wieder aufgetaucht. Nur kurz habe sich der Esel jedoch seiner magischen Heilung erfreuen können, denn ein Bär habe ihn gefressen. Dies passte erneut dem Mönch nicht ins Konzept, und er befahl dem Bären, ihm als Lasttier zu Diensten zu sein – was auch prompt geschah und Ursicinus zu seinem Namen verhalf.

Vielleicht beschleunigte solches auch seine Karriere, denn schon bald wuchs Ursicinus' Einsiedelei zur Abtei. Das Kloster über dem Doubs mit seiner Stiftskirche als geistigem Zentrum ist überregional berühmt. Von

Saint-Ursanne aus lässt sich mit dem Zug – nur mit Umsteigen – die dritte Region des Kantons Jura bereisen.

Sie gibt dem bereits beschriebenen Freiheitsdrang noch eins obendrauf: die Freiberge, les Franches Montagnes. 1384 befreite der Basler Fürstbischof Imier von Ramstein die Siedler des Hochjuras von allen Abgaben. Auf viel verzichtete der Bischof dabei nicht. In der kargen, dichtbewaldeten Gegend, die im Winter lange unter einer Schneedecke liegt, war wenig Mehrwert zu erarbeiten, den ein Säckelmeister abschöpfen konnte, zumal der gar nicht so selbstlose Bischof einschränkend festlegte, dass nur jene von den Abgaben befreit würden, die »über 1000 m ü. M.« lebten.

Die Steuerbefreiung wirkte dennoch damals nicht anders als heute: Die Freiberge wurden interessant für Zuwanderer verschiedenster Gattung, vor allem für jene, die sonst keine Bleibe mehr fanden. Wiedertäufer, Hugenotten und Freidenker, die sich von niemandem dreinreden lassen wollten und die einzigartige Freiheit genossen – und wieder weiterreichten. Denn in den Freibergen waren Zäune lange verpönt, gerodete Flecken Allgemeingut. Beste Voraussetzungen für Kühe und Pferde.

Gerade das Pferd hat hier Tradition und war bis vor Kurzem wichtiges Bindeglied zur restlichen Schweiz: Die schön rotbraunen, geduldigen, zähen Freiberger waren in der Schweizer Armee wohlgelittene hohe Tiere. Sie sicherten vielen jurassischen Pferdezüchtern über Generationen ein Einkommen. Doch dank der *Armee 95*, die manchem Soldaten den blauen Brief bescherte, müssen auch 4000 Freiberger (Pferde) stempeln gehen.

Vorerst – so erklärten die Pferdezüchter – soll es mit

den Freibergern weitergehen wie bisher, es müssten einfach neue Verwendungsmöglichkeiten für die Tiere gefunden werden. Dabei denkt man natürlich vor allem an Sie. Sie könnten sich also beispielsweise per Planwagen durch die Jurahügel kutschieren lassen, und wenn Sie im Sommer im Jura weilen, sollten Sie sich das grosse Pferdefest in Saignelégier nicht entgehen lassen. Am zweiten Augustsonntag feiern die Freiberger sich und ihre Pferde. Zwar sind stets viele Touristen anwesend, aber für sie wird nichts inszeniert. Der grosse »Marché Concours« umfasst viele Wettbewerbe, Handel, Spiel und Tanz. Wer weiss, wie lange er sich noch im alten Glanz präsentiert.

Zugegeben, den Jura auf den Kanton Jura zu beschränken ist eine Unverschämtheit. Die ganze Region von Genf bis Basel hat ihren Reiz, vor allem in den tausend Details, die wir nicht schildern können, den Hunderten von Rezepten, die wir bestenfalls vom Hörensagen kennen. Lassen Sie sich also in diese Gegend abseits der Touristenströme verführen und lassen Sie sich letztlich keinen Bären aufbinden: Die Forellen, die man Ihnen in allen Restaurants entlang des Doubs serviert, kommen von überall her – aber nicht aus dem Doubs. Es sei denn, Sie haben sie selber gefangen. Was Sie im Übrigen ohne Bewilligung keinesfalls tun sollten.

Auch Köbi ist Ausländer

Die Deutschschweizer sprechen oft vom »Welschland« und meinen damit meist die französische Schweiz, was terminologisch nicht ganz richtig ist. Das keltische Wort umschreibt laut Duden *romanisch, französisch, italienisch*. So wollen wir's hier halten. Das Welschland umfasst alles ausser der Deutschschweiz.

Das Verhältnis zwischen Deutschschweizern und *Romands* ist manchmal getrübt. Dessen sind sich eher die Romands bewusst, denn sie fühlen sich in der Minderheit und oft übergangen. Individuelle Freiheiten werden in der *Romandie* höher eingestuft. So kommt es in eidgenössischen Abstimmungen zu einer klaren Ja-Nein-Grenze, wenn niedrigeres Tempolimit oder der Gurtzwang zur Debatte stehen. Dafür stimmen sie militärfeindlicher (die Kantone Jura und Genf bejahten als Einzige mehrheitlich die Abschaffung der Armee) und hatten keine Mühe, der Vierzigstundenwoche zuzustimmen, obwohl die »extreme Linke« diese Initiative einreichte. Genf hatte noch im Jahr 2002 einen kommunistischen Stadtrat, von der Partei der Arbeit (PdA), der turnusgemäss Bürgermeister wurde. (Mittlerweile hat die PdA den Kommunismus aus dem Programm gestrichen.) Überhaupt scheinen die Romands neuen Ideen aufgeschlossener gegenüberzustehen, tun sich aber mit dem Patriotismus leichter als die Deutschschweizer.

Wann immer eine Abstimmung entlang der Sprachgrenze angenommen oder abgelehnt wird, fühlen sich die Romands fremdbestimmt und ärgern sich über die *Köbi, Chtaubirn, Fritz, Schnock, Rösti, Totos* oder was der nicht gerade liebevoll gemeinten Spitznamen für die Deutschschweizer mehr sind. Deswegen wird die Meinungskluft auch *Röstigraben* genannt. Die Deutschschweizer kennen keine abschätzigen Spitznamen für die Romands. Sie hegen im Gegenteil viel Sympathie für die laut Umfrage von Fischer und Trier als »warm, gelöst, froh, schnell, lustig, leicht« beschriebenen Westschweizer. So sehen sich die Romands auch selbst. Weitere Übereinstimmung: In derselben Untersuchung beschreiben die Romands die Deutschschweizer als »stark, eckig, rau, gesund, ernst, fleissig und schwer« – das entspricht durchaus dem Selbstverständnis der Deutschschweizer. Nur jeder siebte Deutschschweizer empfindet die Romandie als Ausland, aber jeder vierte Romand fühlt sich in der Deutschschweiz völlig fremd. Die Sympathie der Deutschschweizer für die Romands wird also nur sparsam erwidert. Die Romands scheinen einen Teil der Charakterzüge übernehmen zu müssen, die der Deutschschweizer an sich vermisst.

So können sich die Deutschschweizer eher vorstellen, in die Romandie auszuwandern. Die wirtschaftliche Potenz der Deutschschweiz erzwingt hingegen genau die umgekehrte Wanderschaft.

Wo die Romandie beginnt, weiss niemand genau. Wer in Biel oder Fribourg lebt, spricht mit Sicherheit beide Sprachen fliessend, vielleicht schreibt er sie auch nahezu fehlerfrei. Die Sprachgrenze ist oft nicht mit der kulturellen Grenze identisch. Die *französischen Jasskarten* beispielsweise sind in den Kantonen Basel, Solothurn, Bern genauso gebräuchlich. Obwohl die Romands »gute Schweizer« sind, ist die kulturelle Ausrichtung nach Frankreich unübersehbar. Da die Romandie nicht wie die Deutschschweiz mit Zürich ein anerkanntes wirtschaftliches oder kulturelles Zentrum hat, bekommt Paris zusätzliches Gewicht, zumal die französischen Fernseh- und Radioprogramme gut empfangen werden können.

Auch in der Romandie ist der *Kantönligeist* wichtig. Steht ein Abtreibungsgesetz zur Debatte, finden sich die Katholiken aller Sprachregionen in einer Koalition, geht's um die Armeeabschaffung, stehen Gleichgesinnte über Kantons- und Sprachgrenzen hinweg zusammen. Waadtländer und Genfer sind zwei völlig verschiedene Charaktere. Hier das eher Ländliche, Verschlossene und Autoritätsgläubige, da das Weltoffene, multikulturell Durchmischte in einer Stadt, die geografisch nur über eine Strasse mit der restlichen Schweiz verbunden ist.

Genf ist eine aussergewöhnliche Stadt. Es gibt wohl kaum einen zweiten Flecken, dessen Bevölkerung sich der ganzen Welt verpflichtet und gleichzeitig mit der Schweiz verbunden fühlt. Menschen 154 verschiedener

Nationalitäten wohnen da, 30 000 Diplomaten mit Angehörigen, 118 Staaten (Bern 78) unterhalten hier eine Botschaft, 3000 Beamte finden in Genf ihr Auskommen, die UNO druckt eigene Marken und unterhält eine Post, der Ausländeranteil beträgt knapp 40 Prozent. Dazu kommen noch täglich etwa 40 000 Pendler aus Frankreich, die in der prosperierenden Stadt arbeiten. Umgekehrt dient Frankreich den Genfern, die teilweise wegen der hohen Wohnungsmieten übersiedelt sind, als Naherholungsgebiet. Keine andere Stadt auf der Welt beherbergt so viele Konferenzen und Tagungen.

Innerhalb der Schweiz nimmt Genf eine Sonderstellung ein. Weltweit schätzt man Genf als eine souveräne Stadt, einen Ort des Meinungsaustausches, der keinen nationalen Zwängen und Gesetzen unterworfen scheint. Ähnlich sehen das die Deutschschweizer. Man ist stolz auf diese Stadt, weiss aber nicht genau, was dort eigentlich abläuft. Und einen (im Herzen sicher immer noch) Kommunisten als Stadtpräsident – wir bitten Sie! Wie wenig den Genfern Grenzen bedeuten, lässt sich vielleicht noch an einem kleinen Detail ablesen: Genf ist Standort des *Cern*, der *Europäischen Organisation für Kernforschung*. Ein *Teilchenbeschleuniger*, der Elektronen und Protonen auf Touren bringen kann, musste her. Dafür wurde ein 27 Kilometer langer kreisrunder Tunnel gebaut – der gezwungenermassen teilweise in französisches Staatsgebiet gewühlt wurde.

Obwohl das Französisch der Romands mit ein paar Helvetismen durchsetzt ist, kann es nicht als eigener Dialekt durchgehen. Die Dialekte sind über die Jahrhunderte verschwunden, das Hochfranzösische hat sich durchgesetzt. Darauf vor allem führen die Deutschschweizer zurück, dass sich Politiker und Medienschaffende aus der Romandie viel sicherer, witziger und überzeugender ausdrücken können. Ihre gewandte Spontaneität beeindruckt Chtaubirn, Fritz und Köbi, macht sie wahrscheinlich auch ein wenig neidisch.

Den Romands geht das Schwyzerdütsch auf die Nerven. Lassen sie sich nämlich in Zürich nieder und vertiefen ihre Deutschkenntnisse, können sie diese beruflich wie privat nur bedingt anwenden. Alle um sie herum sprechen Mundart, und seit in den elektronischen Medien die »Mundartwelle« ungebrochen brandet, ist der Eintrittspreis für Romands noch gestiegen. Häufig entscheidet sich ein Deutschschweizer in der Konversation mit einem Romand eher fürs Französische oder fürs Englische.

Das Tessin kennen Sie. Nein? Locarno, Lugano, Mendrisio, Magadinoebene, Monte Brè, Verzascatal, Maggiatal – die Namen von Städten, Tälern und Bergen täuschen nicht: Das Tessin ist so schön, wie man sagt, und so anders als die übrige Schweiz. Das ist zugleich Glück und Pech für den Südzipfel des Landes, der derart massiv an verschiedene Brüste gepresst wird, dass ihm schwindlig werden muss. Die *Italianità* scheint in Gefahr. Von den 346 000 Einwohnern geben 11 Prozent Deutsch als ihre Muttersprache an, tatsächlich ist das Tessin auf dem direkten Weg, ein zweisprachiges Gebiet zu werden, wenn es das nicht schon ist. Einzelne Gemeinden sind derart durchmischt, dass die zugewanderten deutschsprachigen Schüler in der Mehrheit sind.

Deutsch? Schweizerdeutsch? Das ist für Sie, uns und die Tessiner sicher nicht einerlei. Die Tessiner kennen den Unterschied zwischen Deutschschweizern und Deutschen. Aber er überzeugt sie nicht so ganz. Die pensionierten Deutschschweizer lassen sich gerne im Tessin nieder, vorzugsweise in Locarno und Umgebung. Sie werden kaum in einem Restaurant oder Geschäft Italienisch sprechen müssen. Sie hätten sowieso Mühe, den Tessiner Dialekt zu verstehen. Nur tun sich die Südschweizer mit dem Hochitalienischen nicht so schwer wie die Deutschschweizer mit dem Hochdeutschen. Der Dialekt ist lediglich in der Familie und im Freundeskreis gebräuchlich und dient manchmal dazu, Fremdlinge von der Kommunikation auszuschliessen.

Stärker noch als die Romands fühlen sich die Tessiner als gebeutelte Minderheit: Schon in der dritten Grundschulklasse beginnt der Französischunterricht, in der siebten Klasse folgt Deutsch. Wer studieren wollte, musste dies bis 1996 auf Deutsch oder Französisch tun. Die einzige Hochschulgründung im 20. Jahrhundert bescherte dem Tessin allerdings eine kleine Uni in Mendrisio und Lugano. Dennoch wird sich an der Vermittlerrolle von Politikern aus dem Tessin bis auf Weiteres wenig ändern: Hier die lateinische Verwandtschaft zu den Romands, da die starken wirtschaftlichen Beziehungen via Gotthard zur Deutschschweiz. Mittlerweile sind die Deutschschweizer in der Tessiner Wirtschaft derart umfassend präsent, dass für manche Stellen allein in Frage kommt, wer Deutsch *und* Schweizerdeutsch beherrscht – das eine nur mündlich.

Die Tessiner standen immer stramm zur Schweiz, auch als in Italien der Faschismus blühte. Die Ausrichtung nach Italien – wohin soll an der Südflanke der Alpen, wo die freie Sicht aufs Mittelmeer gewährleistet ist, der Blick sonst schweifen – bleibt auf die Medien,

Kultur und damit Mode und Design beschränkt. Ähnlich, wie sich die Deutschschweizer gegen die Deutschen und die Romands gegen die Franzosen abgrenzen, wollen die Tessiner nie mit Italienern verwechselt werden. Dieses Verhältnis ist ziemlich gespannt.

Das Tessin kämpft gegen ein Problem, das alle Bergregionen plagt: die Entvölkerung der Täler. Wirtschaftlich unergiebig, verpflichten einen die raue Gegend und der Staat, der die Alpbewirtschaftung aufrechterhalten will, zu harter Arbeit ohne grosse Perspektive. Da ist die Versuchung natürlich gross, Land und *Rustici* (Ställe) an finanzstarke Interessenten aus dem Norden zu verkaufen. Solange diese Häuser vornehmlich für Ferien und verlängerte Wochenenden genutzt werden, kann damit der Entvölkerung kaum entgegengewirkt werden. Schon seit Jahrhunderten ist das Tessin Emigrationsgebiet. Neben den üblichen Fremdarbeiterjobs auf dem Bau oder im Gastgewerbe machten sich Tessiner Zuckerbäcker in Finnland wie Frankreich oder Russland einen Namen. Aber auch Architekten aus dem »Kalifornien der Schweiz« setzen sich international durch. Mario Botta sorgt dafür, dass der gute Ruf der Tessiner Architekten weiter anhält.

Das Stimmvieh schickte wuchtig bachab – Schweizer Politik

Als Bundesstaat besitzt die Schweiz ein Zweikammersystem: Der *Nationalrat* (200 Mitglieder) vertritt die Bevölkerung (pro 27 000 gibt's einen Nationalratssitz), der *Ständerat* (46) vertritt die Kantone (pro Kanton 2, Halbkantone 1 Ständerat). Jeder Kanton ist ein einzelner Wahlkreis. Eine Fünfprozenthürde bei Wahlen gibt's nicht – *de jure*. Hat aber ein Kanton nur einen Nationalratssitz zu vergeben, braucht's halt 40 bis 50 Prozent, um diesen zu gewinnen. Dafür schafft im Kanton Zürich (34 Sitze) auch eine kleine Partei schnell einmal die Dreiprozenthürde, weshalb in diesem Kanton Parteien und Gruppierungen in Mengen (2011 deren 30) ihre Listen anmelden. National- und Ständeräte bilden gemeinsam die Bundesversammlung und sind keine Profis. Die Schweiz hat also ein *Milizparlament*, wie sie auch eine *Milizarmee* hat. Viermal im Jahr treten sie zu einer dreiwöchigen Session im Berner Bundeshaus zusammen, wo sie in Französisch und Deutsch debattieren, vertagen und verabschieden. Das tun sie für relativ wenig Sitzungsgeld. Und doch ist ein Nationalratssitz sehr lukrativ, wenn man sich nicht allzu zickig anstellt: Kaum ist jemand gewählt, kann er sich die *Verwaltungsratssitze* (Aufsichtsrat) auswählen. 15, 20 Verwaltungsratssitze (nichts Aussergewöhnliches) in Banken, Kiesschürfereien, Chemiewerken und Bauunternehmen bringen je 30 000 bis 40 000 Franken jährlich – rechne! Dafür wird allerdings etwas erwartet. Es spricht einiges dafür, dass die wichtigen Entscheide nicht im Parlament, sondern in den Chefetagen der Wirtschaft gefällt und dann durch Kommissionen ins Parlament getragen und dort abgesegnet werden. Aber das kennen Sie ja vielleicht auch von anderen Ländern.

Die Schweiz ist also eine Demokratie. Selbstverständlich mit Besonderheiten: Das Schweizer Volk wird auch der *Souverän* (Herrscher) genannt. Denn über die meisten Verfassungs- und Gesetzesänderungen darf das Volk befinden. Dabei wird unterschieden zwischen dem *obligatorischen* und dem *fakultativen Referendum*. Wenn das Parlament ein Gesetz beschlossen hat, das ohne Volksabstimmung in Kraft träte, also nicht dem obligatorischen Referendum untersteht, kann mit einer Unterschriftensammlung eine Abstimmung erzwungen werden. Von Atomkraft über die zugelassene Lastwagenbreite (sie wurde 1990 von 2,30 m auf 2,50 m erhöht), vom Schwangerschaftsabbruch bis zur Wanderwegpflege, über ein neues Gaswerk oder Altersheim, über Bauzonenordnung, Herbstschulbeginn, Förderung von Film und Rockmusik, Schaffung eines neuen Kantons (Jura), Gehaltserhöhung für Politiker, Sommerzeit, Braunviehzucht ohne Tageslicht – Herr und Frau Schweizer dürfen zu allem (natürlich nicht zu Rüstungsausgaben) ein Ja oder ein Nein in die Urnen legen, obwohl viele dabei das Gefühl haben, »die da oben« machten schliesslich doch, was sie wollen. Damit haben sie nicht ganz unrecht, denn der Tricks und Sonderbestimmungen, Volksbeschlüsse zu umgehen, gibt es viele.

Ein wichtiges zusätzliches Recht neben dem Referendum ist, mit einer Unterschriftensammlung (gesamtschweizerisch 100 000) die Abstimmung über eine *Verfassungsänderung* zu erzwingen. Das nennt man eine *Volksinitiative*. Gesetzesänderungen laufen immer via Parlament. Deshalb ist die Verfassung in der Schweiz einigermassen überladen. In der Verfassung steht beispielsweise, dass der Bund für die Pflege der Wanderwege Sorge zu tragen habe – erzwungen durch eine Volksinitiative, die schliesslich angenommen wurde. Wenn also das Parlament – das selbstredend jede Volksinitiative ablehnt, sonst hätte es ja die Gesetze oder die Verfassung bereits geändert – eine Volksinitiative zu Fall bringen will, bastelt es am besten einen *Gegenvorschlag*, ein Kompromissangebot, das die Engagierten von den Mitläufern scheiden soll. Standardäusserung der Politiker: »Das Ansinnen ist durchaus berechtigt. Die Initiative schiesst aber übers Ziel hinaus.« Damit hofft man, dass sich die Befürworter jeder Richtung gegenseitig neutralisieren, womit sich die Neinsager durchsetzen und alles beim Alten bliebe. Das gewichtigste Argument in Abstimmungen sind meistens die Kosten. »Wir wollen ja auch, aber was das kostet!« Die Armee abschaffen – was allein das Verschrotten kosten würde, und dann die Arbeitslosenunterstützung für die vernichteten Jobs etc. Als im Kanton Zürich im Zeichen der landesweiten Koordination der Schulbeginn vom Frühling in den Herbst verschoben werden sollte, rechneten die Gegner (viele Lehrer) flink einen Zweisatz: sechs Monate mehr Schule (Langschuljahr) macht 6000 Lehrer mal sechs Monatslöhne zu 6000 Franken, ergibt Kosten von 216 Millionen – reine Gehaltskosten. Rechne. Nachdem der Kanton Zürich sich via Abstimmung dennoch für den Herbstschulbeginn entschieden hatte (mit lediglich 133 Stimmen Unterschied), erzwang das *Komitee 133* nochmals eine Abstimmung, die zugunsten des Frühjahrschulbeginns ausfiel, was vor allem jene Kantone ärgerte, die wegen Zürich schon auf Herbstschulbeginn umgestellt hatten und nicht noch einmal ..., worauf in Zürich erneut eine Abstimmung stattfand, die wieder zugunsten des Herbstschulbeginns ausfiel. Das Gerangel dauerte etwa zehn Jahre. Es wurde nun umgestellt, und Zürich hat's tatsächlich überstanden und finanziell verkraftet, denn die Lehrer bekamen entgegen anderslautenden Gerüchten während des fraglichen halben Jahres kein doppeltes Gehalt ausbezahlt.

Eine bewährte Variante, den Volkswillen zu unterlaufen, ist, etwas auf die lange Bank zu schieben, die scheint in der Schweiz noch länger und belastbarer als anderswo. Da kann ein Umweltschutzversicherungsgesetz, ein Gleichberechtigungsartikel angenommen werden, und dann passiert nichts mehr. Einfach nichts. Denn es kommen häufig nicht fertig ausformulierte Gesetze zur Abstimmung. Das Fertigstellen der Gesetze läge beim Bundesrat. Und wenn's dem nicht passt, dann schiebt er Unangenehmes so lange vor sich her, bis es alle vergessen haben.

Aber nicht allein deshalb gehen bei Abstimmungen nur etwa ein Drittel, bei Wahlen knapp die Hälfte der

Berechtigten zu den Urnen. »Wenn jeder für sich schaut, ist für jeden geschaut«, sagen sich viele und kümmern sich um wenig, solange die Lohntüten voll sind. Der Schriftsteller Peter Bichsel sagte: »Der Schweizer hält alles, was politisch ist, für eine Belästigung.«

Desinteresse ist eine, Überforderung die andere Ursache. Viermal im Jahr werden die Stimmberechtigten zur Urne gerufen, um über eidgenössische Anliegen zu befinden. Dazu können noch kantonale und kommunale Abstimmungen und Wahltermine kommen. Aber was weiss der Stimmbürger, was die Stimmbürgerin über den *Kredit Gaswerk Werdhölzli*, was über die *Neuordnung Gerichtswesen Koordination Gemeinde und Kanton*, was ausser »wird schon in Ordnung sein« kommt dem Volk zum *neuen Gesetz zu Namensänderung bei Adoptionen* in den Sinn? Die französische Presse nannte das Schweizer Volk schon eine *machine à voter*, eine Abstimm-Maschine, Ketzer wetterten über das »Stimmvieh«, das tumb in die Urne werfe, was seine Parteien ihm per Abstimmparolen diktierten. Gleichwohl kommen immer wieder Anliegen vors Volk, die die Emotionen hochschlagen lassen, wobei den Abstimmenden geglaubt werden darf, dass sie verstanden haben, worum es ging, und sie sich – wie auch immer – eine Meinung bildeten. Allerdings mit teilweise überraschenden Resultaten: Abgelehnt wurden beispielsweise der Beitritt zur UNO und zur EU, die Vierzigstundenwoche und die Herabsetzung des Rentenalters (vor allem abgelehnt, weil die Initiativen von der »extremen Linken« eingereicht wurden), die Fristenlösung bei der Abtreibung (sehr knapp), mehr Ferien, Mitbestimmung in Betrieben, AKW-Verbot und die Abschaffung der Armee.

Gerade diese letztgenannte Abstimmung zeigte aber, dass auch das Verlieren auf diesem Gebiet lustvoll sein kann. Beim Sammeln der Unterschriften schlug den Initianten neben erwarteter Aggressivität auch überraschend viel Sympathie entgegen. Trotzdem erhielten sie wenig echte Unterstützung, als es mit dem Sammeln in die Endphase ging und der Abstimmungskampf anstand – von den Politikern ganz zu schweigen. Nur knapp kamen die 100000 Unterschriften zusammen. Doch je näher das Abstimmungsdatum rückte – es schien so klar, dass diese Initiative »wuchtig bachab geschickt« würde, dass es keines Gegenvorschlags bedurfte –, desto nervöser wurden mit einemmal die selbstgefälligen Militärs, die sich plötzlich dafür rechtfertigen mussten, dass alles weiterlaufen sollte wie bisher. Als schliesslich ein gutes Drittel der abgegebenen Stimmen auf Ja lautete, war's erneut Zeit für einen Zweisatz: 50 Prozent der Schweizer Bevölkerung seien zu den Urnen gegangen, ein Drittel davon (also 16 Prozent der Bevölkerung) habe mit Ja gestimmt, ergo seien 84 Prozent für die Erhaltung der Armee, wie sie heute sei. Und das sei doch nun wirklich ein Vertrauensbeweis erster Qualität. Die Interpretation der Volksentscheide beziehungsweise die Art, wie die Mehrheiten zustande gekommen sind, ist fast so wichtig wie die Resultate selbst.

Ein weiteres Zauberwort der Politiker, das ihre Untätigkeit entschuldigen soll, ist die *Akzeptanz*. Ein Modewort der letzten Jahre, das die innere Not der gewählten Visionäre umschreibt. »Wir würden ja liebend gerne (den privaten Verkehr einschränken, den Frauen den gleichen Lohn für gleiche Arbeit garantieren, die Ausländer anständiger behandeln, Fussgängerzonen erweitern), aber das dumme Volk lässt uns nicht. Die Akzeptanz fehlt.« Vom Volk verdammt zu Langeweile und kleinkrämerischer Machtverwaltung.

Ändern, wie gesagt, wird sich sowieso nichts. Bestes Beispiel dafür ist die Landesregierung selbst. Die Schweiz kommt ohne Präsidenten oder dergleichen aus. (Als höchster Schweizer gilt der Präsident des Nationalrates.) Sieben Bundesräte teilen sich die Macht, und 1959 bis 2007 kamen die immer aus denselben Parteien. Nach der sogenannten *Zauberformel* pokerten *Christdemokraten, Freisinnige, Sozialdemokraten* und ein Vertreter der *Schweizerischen Volkspartei* untereinander um die *Departemente* (Ministerien). Damit sind die vier grössten Parteien (Wähleranteil gut 80 Prozent) zu einer Art Koalition vereint, der aber auf Parlamentsebene selten die Treue gehalten wird. Über jedes Gesetz, das einer der *Bundesräte* dem Parlament – und schliesslich dem Volk – vorlegt, wird einzeln diskutiert und abgestimmt. Wird es verworfen, bedeutet das kein »Misstrauensvotum«, dem in Italien sofort die Regierung zum Opfer fallen würde. Es wird weitergearbeitet wie bisher.

Tritt ein Bundesrat zurück, geht die Suche nach einem Nachfolger los. Dabei wird nach dem Prinzip des Kartoffellochsiebs gearbeitet: Er muss aus der Partei des Zurücktretenden stammen. Er darf nicht aus einem Kanton kommen, der bereits einen Vertreter im Bundesrat hat. Bestehendes konfessionelles Ungleichgewicht darf nicht vergrössert werden. Welche Kantone harren schon lange eines Bundesratssitzes? Ist der neue Kandidat konsensfähig? Auch das Geschlecht ist massgeblich für die Wahl. Ist ein Mann oder eine Frau an der Reihe oder sind die Frauen übervertreten? Im Dezember 2003 wurde die Zauberformel nach 44 Jahren zum ersten Mal abgeändert: Die Schweizerische Volkspartei konnte den Christdemokraten einen Sitz abzwacken. Ihre Leitfigur, Christoph Blocher, wurde neben Samuel Schmid als zweiter SVP-Vertreter in den Bundesrat gewählt.

Verblüfft nahm in den Nationalratswahlen vom Herbst 2007 die Schweiz zur Kenntnis, dass auch hier ein Wahlkampf auf eine einzige Person zugeschnitten werden kann – ein absolutes Novum für die Eidgenossenschaft. Die SVP schaffte es tatsächlich, die Frage »Christoph Blocher – ja oder nein« zum zentralen Thema des Wahlkampfs zu machen. Dies war umso überraschender, als ein einzelner Bundesrat nicht enorm viel bewegen kann.

Dass aber ebendieser »Polterer« Blocher, der in seinem Auftritt in vielem an den legendären Franz-Josef Strauss erinnert, schon Dezember 2007, nach vier Jahren, wieder aus der Regierung gewählt wurde, nehmen viele als Beweis dafür, dass das Schweizer System des Ausgleichs und Einmittens funktioniert. Sozialdemokraten, Grüne und Teile der bürgerlichen Parteien wählten zwar – entsprechend der Parteiengrösse – die SVP-Politikerin Widmer-Schlumpf in die Regierung, aber eben nicht mehr den offiziellen Kandidaten Christoph Blocher. Ein (für schweizerische Verhältnisse) politisches Erdbeben. Die SVP schloss umgehend ihre zwei Bundesräte aus der Partei aus und ging »in die Opposition« – die Sozialdemokraten höhnten: »Leere Drohung. Dort ist die SVP schon lange.« Der Ausschluss der Bundesräte führte bei der sonst Stärke durch Einheit demonstrierenden SVP zur Zerreissprobe. Blocher verlor seine Allmacht und dissidente Mitglieder, die den Blocher-Kurs satt hatten, gründeten rund um die kurzfristig parteilosen Bundesräte eine neue Partei, die BDP (Bürgerlich-Demokratische Partei). Die junge Partei verlor aber bei nächster Gelegenheit wieder einen ihrer Sitze an die SVP. Die Parlamentswahlen im Herbst 2011 brachten allerdings eine grosse Überraschung: Entgegen der Prognosen musste die so erfolgsverwöhnte SVP trotz – oder wegen? – ihrer bisher kostspieligsten Kampagne, die in teilweise flächendeckenden Plakataktionen gipfelte, eine Niederlage einstecken. Es gingen nicht nur Wählerprozente (von 29 % auf 26,6 %) und Nationalratssitze verloren. Auch alle SVP-Spitzenkandidaten scheiterten in ihren prestigeträchtigen Wahlkämpfen um den Ständerat. Da selbst Christoph Blocher in Zürich und Parteipräsident Toni Brunner in St. Gallen chancenlos waren, betrachteten viele Kommentatoren den Vormarsch der SVP, der immerhin 20 Jahre angedauert hatte, als gestoppt. Blocher, der sich nach seiner Bundesrats-Abwahl den Titel »Strategiechef« verliehen hatte, kündigte an, die SVP müsse noch mehr Volksinitiativen starten und noch öfter »nein sagen«. War es diese angekündigte Obstruktionspolitik oder nur falsche Strategie am Wahltag im Parlament? Die anderen Parteien waren auf jeden Fall nicht bereit, der SVP einen zweiten Bundesratssitz zuzugestehen. Womit die wählerstärkste Partei im Bundesrat bis auf weiteres untervertreten ist.

Rechtsradikale treten in der Schweiz zum Teil aggressiv auf, und sie machten es sich in den letzten Jahren zum Hobby, den traditionellen Festakt des Nationalfeiertages auf dem Rütli (der Wiege der Schweiz) zu stören. 2007 war der Kanton Schwyz nicht mehr bereit, die hohen Kosten für Sicherheitsvorkehrungen zu übernehmen. Letztlich verhinderte nur das beherzte Eingreifen privater Sponsoren das Scheitern der Feier.

Die Bundesräte dürfen die Meinungsverschiedenheiten, die sie untereinander hoffentlich haben, nicht an die Öffentlichkeit tragen. Das nennt man *Kollegialitätsprinzip*. Wenn also der Energieminister den Ausstieg aus der Atomkraft befürwortet, die Mehrheit der Bundesräte aber dagegen ist, hat der Energieminister vor Parlament und Medien zu treten mit den Worten: »Der Bundesrat hat beschlossen, dem Ausstieg aus der Atomkraft eine Absage zu erteilen.« Die persönliche Meinung des Ministers bekommt keiner zu hören.

Auch deshalb kennen die Bürger allenfalls die Hälfte der aktiven Bundesräte mit Namen. Ein Jahr lang bekleidet reihum einer der Bundesräte das Amt des *Bundespräsidenten*. Nicht mehr Kompetenzen kennzeichnen dieses Amt, sondern nur eine engere Agendaplanung wegen der häufigeren Repräsentationsaufgaben. Bis der Bundespräsident beim Volk als solcher langsam bekannt ist, sind die zwölf Monate um.

Dieses Machtgefüge, in dem Opposition und Regierung nicht auseinanderzuhalten sind, macht die Sozialdemokraten zur treuesten Klientel der Psychoanalytiker. »Die Schweizer Sozialdemokraten«, sagte ein weiter links stehender Oppositioneller, »würden noch einem König in den Arsch kriechen und dort die rote Fahne hissen.« Die SPS versucht tatsächlich, gleichzeitig Regierungs- und Oppositionspartei zu sein. Seit gut dreissig Jahren stehen zwei sozialdemokratische Minister fünf bürgerlichen gegenüber. Unverdrossen hoffen die Sozis, die Bürgerlichen kämen ihnen bei den eigenen Anliegen entgegen, wenn sie zu den konservativen Vorschlägen aus anderen Departementen brav nickten. Illusorisch. Kurz: In der Schweiz sind die Sozis ganz so, wie sie überall sind: überangepasst. Da auch die sozialdemokratischen Bundesräte von der bürgerlichen Mehrheit im Parlament (Bundesversammlung) gewählt werden, pickt sich der Bürgerblock jene Sozis heraus, von denen »Anstand sowie Unterstützung des Kollegialitätsprinzips« erwartet werden können. Irgendeiner findet sich immer. Bundesräte werden alle vier Jahre wiedergewählt, scheiden normalerweise aber erst aus, wenn sie amtsmüde zurücktreten. Nebst Blocher gibt es noch zwei kleine Ausnahmen: 2003 wurde nach nur gerade vier Jahren Amtszeit die junge Magistratin Ruth Metzler abgewählt, weil ihre Partei in den Wahlen schlecht abgeschnitten hatte. Höhere Wellen schlug jedoch das Ausscheiden von Elisabeth Kopp, der ersten Bundesrätin der Schweiz. Die Juristin mit dem gewinnenden Lächeln einer Kobra schien endlich aus dem Schatten ihres Mannes Hans W. Kopp, eines bekannten Rechtsanwalts, herausgetreten. Ausgerechnet über ihn stolperte »Peterli«, wie Elisabeth vom Vater genannt wurde. Der kontaktfreudige Anwalt pflegte intensive Beziehungen zu libanesischen Devisenhändlern und sass gar im Verwaltungsrat einer dieser Firmen, gegen die – man konnte kaum glauben, dass das in der Schweiz möglich war – eine Untersuchung wegen Wäscherei von phantastischen Drogengeldsummen (damals nicht strafbar) in Gang gekommen war. Als das der Justizministerin zu Ohren kam, bewegte sie Hans W. in einem »ganz kurzen« (das war ihr wichtig) Telefongespräch, diesen Verwaltungsratssitz »wegen Überlastung« aufzugeben. Die beiden verschwiegen und verschleierten so lange, bis nichts mehr half: Elisabeth musste die Segel streichen, kam gar wegen »Amtsgeheimnisverletzung« vor Gericht und wurde ... freigesprochen. Was haben Sie denn gedacht? Ist doch ein schöner Beweis für den Zusammenhalt in diesem Land. Und, Hand aufs Herz, wo kommen schon Spitzenpolitiker an die Kasse? (Buchtipp: *Kopp & Kopp* von Catherine Duttweiler.)

Unschweizerisch neu aber war, dass der Sturz der Frau Bundesrätin eine PUK (Parlamentarische Untersuchungskommission) ins Leben gerufen hatte, die ihre Arbeit ernst nahm. Sie untersuchte die Amtsführung von Frau Kopp und stiess fast beiläufig auf die unglaubliche Menge von etwa einer Million *Fichen* (französisch ausgesprochen, Karteikarten), die deutlich machten, dass alle Bürger, die irgendeine Veränderung im Auge hatten, überwacht und registriert wurden. Von *Frauen für den Frieden* über *Pro Tagesschulen im Prättigau* bis zu Max Frisch und Friedrich Dürrenmatt hatten alle ihre Fiche, die sie sich zuschicken lassen konnten. Allerdings derart vernebelnd abgedeckt – manche Seiten waren bis aufs Datum des Eintrags einfach schwarz –, dass die Denunzianten nicht eruiert werden konnten. Dafür fanden sich Eintragungen, die zu stehenden Wendungen geworden sind: »Trinkt abends gerne ein Bier«, wusste ein Denunziant über eine Feministin zu berichten. Aha!

Nichts ist mehr wie früher. Was heilig, verwinkelt oder mindestens »schon irgendwie in Ordnung« war, ist in den letzten Jahren an die Öffentlichkeit gezerrt und teilweise der Lächerlichkeit preisgegeben worden. Das hinterlässt Verwirrung. Viel mehr allerdings nicht. Kein Politiker und kein höherer Beamter musste einen Karriereknick oder seinen Sturz hinnehmen.

Mit Millionen anderen Bögli fahren

Man kann der Schweiz gegenüberstehen, wie man will, ihre landschaftliche Schönheit ist nicht zu leugnen. Das schleckt keine *Geiss* weg. Das verdankt sie einem verblüffend vielseitigen geografischen Reichtum auf kleinstem Raum. Der höchste Punkt (die *Dufourspitze* mit 4634 m ü. M.) ist nur 50 Kilometer Luftlinie vom tiefsten (*Lago Maggiore* mit 195 m ü. M.) entfernt. In einem (halben) Tag kann man spielend aus dem Mittelmeerklima in den ewigen Schnee reisen. Am Morgen auf einem Gletscher Ski fahren, nachmittags im warmen See baden gehen – na gut, wer benimmt sich schon derart gestört.

Die Schweiz ist keineswegs nur kulturell ein europäisches Konzentrat, auch klimatisch. Der Süden ist mediterran, der Osten eher kontinental und der Westen noch stark vom Atlantik beeinflusst. Wo so verschiedene Einflüsse aufeinanderprallen, sind die Wetterfrösche halbe Propheten, mindestens gute Kartenleger. Wann beispielsweise »der Föhn zusammenbricht«, weiss niemand, aber jeder kennt seine Zeichen: Die feuchten Luftmassen vom Mittelmeer stossen an die Alpen, kühlen ab und regnen aus. Daraus folgt: schlechtes Wetter im Tessin. Die trockene Luft überquert ums Wasser erleichtert die Berge und fällt mit Gewalt in die Täler der Alpennordseite, wo sie binnen weniger Minuten den ruhigen Vierwaldstättersee in eine tosende Wassermasse verwandelt (Buchtipp: *Wilhelm Tell* von Friedrich von Schiller). Ausser schönem Wetter und Kopfweh haben die Zürcher noch etwas vom Föhn: eine geradezu greifbare Klarsicht auf die Alpen. Bei Föhnlage auf der Quaibrücke zu stehen und auf die Berge zu starren kann tatsächlich erhebend sein. Doch plötzlich bricht der Föhn zusammen, Schluss mit Kopfweh und Prachtaussicht.

Das mit den Alpen von der Quaibrücke aus, das hören die ach so weltoffenen Zürcher nicht besonders gern. Denn mit den Berglern und deren geistigem Horizont mögen sie nicht in Verbindung gebracht werden. Wie sehr aber auch den Zürchern die Berge ans Herz gewachsen sind, merken diese häufig erst, wenn sie ihnen auf Weltreisen abgehen.

60 Prozent der Schweiz werden dem Alpenmassiv zugerechnet. Nicht mehr als 18 Prozent der Bevölkerung leben in diesem Gebiet. Die Alpen bildeten mit ihren 1200 Kilometer Länge jahrtausendelang eine schier unüberwindliche Klima-, Vegetations- und Bevölkerungsgrenze zwischen Süd- und Mitteleuropa und haben sich eher zufällig und ungefragt zu einem grossen Teil in der Schweiz aufgetürmt. Sicher ist: Wenn die Schweizer die Alpen selbst gebaut hätten, wären sie bescheidener geraten.

Da sie nun mal da sind, muss man das Beste daraus und darauf machen. Die Lösung scheint das Skilaufen. Sagenhafte 2,6 Millionen Skifahrer und Snowboarder bevölkern die Schweizer Berge, die Mehrheit davon kommt aus der Schweiz. Die 40 000 Skiabfahrten summieren sich auf 120 000 Kilometer. Zahlen, die auf Suchtverhalten schliessen lassen.

Uns völlig unverständlich. Wo ist der Reiz, am Samstagmorgen um 6 Uhr aufzustehen, möglichst rasch in den nächsten Stau zu *blochen*, um für 60 Franken eine Skilift-Tageskarte zu lösen? Denn vielleicht liegt wieder einmal zu wenig Schnee, und Sie können in voller Montur vom Autoparksee bei der Talstation bis zum ersten funktionierenden Skilift eine halbe Tageswanderung absolvieren. Wohlgemerkt: Mit zwei Kilo schweren Skischuhen samt Wadenstützen an den Füssen, die Ihnen schon nach wenigen Metern die Waden anscheuern, derweil die Skikanten Ihnen in die Schultermuskulatur schneiden, und schweissgebadet, weil Sie ja schon im windsicheren Outfit stecken, das Sie eigentlich vor Unterkühlung hätte bewahren sollen. Richtig zünftig und ein echter Test für Ihre Kondition ist der gleiche Marsch dann am Abend.

Erleichterung ist ebenso wenig zu vermelden, wenn bei Schneemangel mit Schneekanonen eine Piste auf den *aperen* (schneefreien) Hang hingepfeffert wird. Da versammelt sich blitzschnell aus weitester Umgebung, was sich bewegen kann, wie Fliegen auf, na, sagen wir Frischfleisch auf dem Markt. Nun, da der Verkehr auf der Piste eine anständige Dichte erreicht hat, erleben Sie jene Herausforderung, die Sie offenbar gesucht haben. Sind Sie noch Anfänger, retten Sie sich ständig vor den

Pistenrasern, die nicht nur Sie beeindrucken, sondern auch das Letzte aus Ihrer Tageskarte herausfahren wollen. Gehören Sie hingegen zu den Fortgeschrittenen, ärgern Sie sich über die Langweiler, die wahrscheinlich dieselben Blindschleichen sind, die Sie schon auf der Autobahn genervt haben. Mit ein bisschen Glück haben Sie noch die Schulferien erwischt. Einen Sturz dürfen Sie sich in keinem Fall erlauben, denn dass auf der weissen Rennbahn die nachfolgenden Gleitspezialisten rechtzeitig das rettende *Bögli* fahren können, ist nicht unbedingt zu erwarten. Gehen Sie Ihre Versicherungspolicen auf jeden Fall genauestens durch, bevor Sie sich auf die Bretter wagen, und verhalten Sie sich bei Unfällen ähnlich wie bei *crashs* auf der Strasse. Ein Unfallprotokoll kann bei finanziellen Meinungsverschiedenheiten ungemein hilfreich sein!

Sollten ergiebige Schneefälle die Massen ein wenig verteilt haben, trüben Ihnen Skiklau, Sonnenbrand und tränende Augen (weil Sie wieder einmal die Sonnenbrille vergessen haben) das Vergnügen – bei gutem Wetter. Bei schlechtem hocken Sie in überfüllten Bergrestaurants und ärgern sich unter anderem darüber, dass Ihnen niemand das Geld für den – an diesem Tag stillgelegten – Skilift zurückerstattet. Sie konnten ja nicht wissen, wie sich das Wetter entwickelt, als Sie die Tagesfahrt weise mit Bahn oder Bus geplant haben. Da empfiehlt sich schon eher Skifahren im Sommer. Eine Gletscherfahrt ohne Völkerwanderung dürfte erheblich entspannender, wenn auch kürzer sein. Oder aber Langlaufen. Im Winter lange, gut präparierte Loipen zu finden sollte eigentlich kein Problem sein. Auch diesen Sport können Sie bis zum jegliche Laune verderbenden Exzess treiben: Melden Sie sich beim *Engadiner Skimara-*

thon an. Dann dürfen Sie mit 9999 anderen um die Wette purzeln. Jedes Jahr. Da loben wir uns das *Schlitteln* (Rodeln) auf jenen Kilometern, die im Sommer ausschliesslich den Wanderern oder Autos vorbehalten sind.

Einen einleuchtenden Grund kennen wir allerdings, der fürs Skilaufen im Winter spricht: Über Wochen, schlimmstenfalls Monate kann sich zwischen November und März im Mittelland ein Hochnebelmeer aufbauen, das vom Bodensee bis Genf in etwa 800 Meter Höhe felsenfest steht. Grauenhaft. Die Auswirkungen sind verheerender als schlechtes Wetter. Die Leute werden immer *gnietiger* (grantig) und depressiver, auch weil jeder weiss, dass über dieser Bleidecke der begeisterndste Sonnenschein ist. (Zusätzlich zur Gemütsbelastung hat die Inversionslage auch gesundheitliche Auswirkungen – Stichwort Feinstaub …). Deshalb sind in Zürich die Tafeln *Uetliberg hell* oder *Forch hell* an den Trams und der Forchbahn keine danteschen Ortsbezeichnungen für unerwünschte Yankees und Briten, sondern die Information, dass schon die kleinen Hügel um die Stadt über den Nebelsee hinausragen.

Über die Schweizer Berge wurde schon so viel gesagt, gesungen und gedichtet, dass Patricia Highsmith fand: »Diese Alpen wurden zu oft fotografiert und sind seltsam langweilig geworden, wie Beethovens Fünfte.« Das stimmt natürlich so nicht. Der Blick in tiefe Schluchten oder auf unüberwindliche Felswände, ein Sonnenaufgang, der zunächst die höchsten Spitzen entflammt, um erst Stunden später den mit Reif überzogenen Talgrund langsam zu erwärmen, das sind Erlebnisse, die mit keinem Fotoapparat eingefangen werden können. Das hat schlicht ewige Qualität.

Schmerzlich ist eher, dass diese Idylle oft einer zweiten Betrachtung nicht standhält. Die Berglandwirtschaft, die die gepflegte Schönheit der Alpenlandschaft erst schafft, bedeutet für die Beteiligten trockenes Brot (Filmtipp: *Wir Bergler in den Bergen sind nicht schuld, dass wir da sind, wo wir sind* von Fredi M. Murer). Abwandern ist eine Möglichkeit, Häuschenumbau in Ferienwohnungen eine andere. Was zu tolerieren ist und was nicht, darüber liegen sich Bergbauern, Lokalbehörden und Eidgenossenschaft immer wieder in den Haaren. Allein im Wallis stehen beispielsweise über 80 000 Ferienhäuschen ausserhalb der Bauzone. Aber wer kann es schon verantworten, die einfach wieder abzureissen? Dass die Alpen geschützt werden müssen, hat sich als Meinung offenbar über die Schweizer Grenzen hinaus durchgesetzt. Doch Klaus Töpfer kam mit der von ihm ins Leben gerufenen *Alpenschutz-Konvention* bei den zitierten Berglern nicht besonders gut an. Fremdbestimmung, nein danke.

Und doch zweifelt in der Schweiz eigentlich keiner mehr daran, dass die Alpenrepublik eine gewisse Verantwortung zu tragen hat. Die Kontinentalwasserscheide erlegt die Pflicht auf, die Gewässer möglichst sauber zu halten. Ungeklärtes Wasser wird nur noch selten in die Flüsse geleitet. Selbst in Seen innerhalb von Ballungsgebieten wie dem Zürichsee können Sie bedenkenlos schwimmen gehen. Das Wasser ist bakteriell so sauber, dass ihm fast Trinkwasserqualität zugestanden wird. Die von der Landwirtschaft verursachte Überdüngung ist das weit grössere Problem, das eigentlich nur über Selbstbeschränkung in den Griff zu bekommen wäre.

Mit etwas anderem tun sich die Schweizer aber

schwer: mit der *Restwassermenge*. Klingt gut, nicht wahr? Dieses Wort kennt in der Schweiz fast jeder und weiss auch, was es bedeutet: Wenn ein Stausee gebaut ist, verkommt das gestaute Flüsschen zu einem Rinnsal. Also kann der Kraftwerkbetreiber verpflichtet werden, einen Teil des Wassers ungenutzt weiterfliessen zu lassen, damit das Bett nicht ganz austrocknet. Über ein paar Pflichtkübel ist diese Restwassermenge vom Gesetz her allerdings nicht hinausgekommen.

Abgesehen davon ist vieles wirklich geschützt. Also Hände weg von der Alpenflora. Reissen Sie keine Pflanzen aus. Pflücken Sie nicht einmal Blumen. Das wird höchst negativ aufgenommen und ist verboten. Die Pilzschonzeiten sind (kantonal unterschiedlich) ebenso geregelt wie die zugelassene Sammelmenge. An diese Bestimmungen halten Sie sich besser. Einerseits aus Respekt gegenüber der Natur, die nichts dafür kann, dass sie attraktiv wirkt, anderseits, weil Sie bei Zuwiderhandlung mit beträchtlichen Umtrieben zu rechnen haben.

Dies müssen Sie beherzigen, wenn Sie für sommerliche Sportaktivitäten in die Schweiz kommen. Bergsteigen und Trekking, Kanufahren und Riverrafting, Deltasegeln und Gleitschirmfliegen, Mountainbiken oder Freeclimbing – bei allem können Sie sicher sein, dass Sie weder als Erster noch Einziger auf diese Idee gekommen sind. Informieren Sie sich vorher genau, wo was erlaubt ist. Damit ist impliziert, dass Sie all den genannten Sommerspässen frönen können. Selbst die SBB bietet in Zusammenarbeit mit Reisebüros günstige Abenteuer, bei denen Sie sicher sein können, dass Sie sich mitten im »Vergnügen« verfluchen und nichts als »raus hier« wollen, um hinterher stolz sagen zu können, dass Sie's durchgestanden haben. Uns persönlich sind die Abenteurer lieber als Motorbootfahrer, die einerseits die leidlich sauberen Seen verpesten, andererseits die immer rareren Idyllen verlärmen.

Gehen Sie besser schwimmen. Ist's Ihnen in den reissenden Fluten der Maggia, Muota oder Verzasca zu kalt – und viel zu gefährlich!! –, können Sie sich nach einer heissen Heilquelle umschauen. In den 84 Kurbetrieben stehen etwa 6500 Betten bereit, die allerdings recht gut ausgelastet sind. Kein Wunder bei der guten Luft, die, scheint's, in den Bergen noch immer zu haben ist.

Charas audituras, chars auditurs: Kultur und Medien

Auch die Schweizer Medienlandschaft hat sich den Bergen angepasst. UKW und damit Radiosendungen in Stereo konnten hier erst spät Fuss fassen, da richtigerweise die Rechnung gemacht wurde: Der Sender Beromünster (Mittelwelle) beschallt fast die ganze Schweiz, während UKW auf jedem zweiten Hügel einen Transmitter voraussetzte. Mittlerweile steht auf jedem zweiten Hügel ein Transmitter, sodass sogar durch den Gotthardstrassentunnel *Radio SRF 1* tönt.

Dass SRF vier Programme anbietet – SRF 1 eher volkstümlich, SRF 2 Klassik, Kultur, Belehrung, SRF 3 Rock & Pop und Radio Virus für das noch jüngere Publikum – ist auch Roger Schawinski zu verdanken, der Anfang der achtziger Jahre die Programme seines 24-Stunden-Senders *Radio 24* vom italienischen Pizzo Groppera nach Zürich ausstrahlte – in Stereo. Nach wenigen Jahren des lauten Krachs zwischen Schawinski und der Schweizer

Regierung wurden Lokalradios mit Auflagen in Werbeumfang und Senderreichweite erlaubt. Jede mittelgrosse Stadt hat nun ihre kommerziellen Sender. Alle senden sie rund um die Uhr. Die Bestrebungen, auch Privat-TV einzuführen, führten Anfang der neunziger Jahre zu diversen Lokalsendern und zur Jahrhundertwende zu gesamtschweizerischen Kommerzsendern. Wieder hatte Roger Schawinski (mit »Tele Züri« und »Tele 24«, das er mit all seinen anderen Medienunternehmen im Jahr 2001 an seinen Konkurrenten Tamedia verkaufte) die Nase vorn. Doch ist das Schweizer Parlament ständig im Zwist mit sich selbst, ob es nun die Schweizerische Radio- und Fernsehgesellschaft (SRG) schützen oder in den Regen stellen soll.

Fernsehen? Die Schweiz hat herrliche Berge, grüne Wiesen, tiefe Täler, glückliche Kühe und ein gut ausgebautes Nationalstrassennetz. Braucht es da zusätzlich ein Schweizer Fernsehen? Natürlich! Denn manche Menschen (zum Beispiel jene, die auf den herrlichen Bergen oder in den tiefen Tälern wohnen) können nämlich weder die ARD, das ZDF, den ORF noch Bayern 3, RTL oder Sat 1 empfangen und sind darum auf das Schweizer Fernsehen angewiesen. Andere wiederum, die selber nicht jassen können, freuen sich, beim *Samschtig-Jass* wenigstens zusehen zu dürfen. Und so gibt es noch viel mehr Gruppen von Menschen in diesem Lande, die auf das Schweizer Fernsehen unter keinen Umständen verzichten können: Kranke, Bergbauern, Alte, Rätoromanen und Hörbehinderte. Darum kann auch oft die Erhöhung der Konzessionsgebühren nicht dafür genutzt werden, die vielleicht längst fällige Umstellung des elektronischen Mediums Fernsehen in dezentrale Kleintheaterbetriebe voranzutreiben, sondern lediglich dazu, das Programm gesundzuschrumpfen. Es musste stets in grossem Rahmen gespart werden. Und das liegt daran – nun mal wieder im Ernst –, dass von den mageren Fernsehgebühren nicht nur ein, sondern gleich vier Vollprogramme bestritten werden müssen: zwei deutschsprachige, ein italienisches, ein französisches. (Für das Radio gilt ein Gleiches.) Im internationalen Vergleich steht die SRG mit den Produktionskosten pro Sendeminute an einsamer Spitze: Nirgends wird so günstig produziert. Und das nicht einmal schlecht. Bedenkt man nämlich die schwierige Sonderposition des Schweizer Fernsehens, das für ein vielsprachiges Land, mit wenig Werbung, für einen kleinen Markt und mit wenigen Gebührenzahlern mehrere Programme bestreiten muss, dann ist die Qualität dieses Fernsehens eigentlich noch erstaunlich hoch. Allerdings ist es ein bisschen viel verlangt, immer daran zu denken, wenn man vor der Glotze sitzt.

Folglich präsentiert sich das Programm des Schweizer Fernsehens ziemlich langweilig und ausgewogen. Vor harten Fragen an Politiker und überbordenden Diskussionen im Studio schrecken die Journalisten ebenso zurück wie vor geschmacklosem Humor und bissiger Satire. Oder aber es kommen halbböse englische Shows, die dann unter dem vorsorglich entschuldigenden Titel *Darüber lacht das Ausland* zwischen den letzten Nachrichten und Sendeschluss ausgestrahlt werden.

Dem Schweizer Fernsehen macht die Konkurrenz aus dem Ausland zu schaffen. 2002 waren 83 Prozent der Haushalte verkabelt, hatten also über 100 Programme zur Auswahl. Mindestens zwölf aus Deutschland (ARD,

ZDF, B 3, SW 3, RTL, SAT 1, 3 Sat, RTL 2, Vox, Pro 7, Viva, DSF), zwei aus Österreich, drei aus Frankreich, weitere aus England, USA, Italien, Spanien. Was Wunder, dass die Deutschschweizer über die Politik in Deutschland recht gut informiert sind und über Trainerentlassungen in der Bundesliga Bescheid wissen. Bei den Romands und den Tessinern spielt sich mit deren jeweiligem Nachbarland Ähnliches ab.

Wenn Sie also das SF SRF schauen, werden Sie auf Biederkeit und einen Dilettantismus treffen, wie Sie sie vielleicht zeitweise von den dritten Programmen her kennen.

Verschiedene Informationssendungen können sich durchaus sehen lassen. Das bereits jahrzehntealte Konsumentenmagazin *Kassensturz* – von Roger Schawinski ins Leben gerufen, als er noch bei der SRG arbeitete – ist nach wie vor ein Renner und bei Schlitzohren und Halsabschneidern, Tierquälern und Mogelpackungsfüllern so gefürchtet wie beim Publikum beliebt. Wenn der *Kassensturz* sagt, diese Butter ist von lausiger Qualität, bleibt sie tags darauf in den Regalen liegen. Ansonsten treffen Sie per Zufall auf glückliche Momente. Beispielsweise, wenn Samstagabend die freundliche, ihrer Herkunft wegen kaum bekannte Ansagerin sich an die *Charas audituras, chars auditurs* (Liebe[n] Zuschauerinnen und Zuschauer) wendet, da *La istorgia da buna notg* (Die Gutenachtgeschichte) für die Rätoromänchen bevorsteht. Das ist Ihre Chance, einen der verschiedenen romanischen Dialekte zu hören. Es wird Ihnen Spass machen. Mühe dürfte Ihnen insgesamt der Schweizer Volkscharakter bereiten, der im nationalen Fernsehen voll durchschlägt: nichts falsch machen, nicht auffallen, ja keine Pannen.

Das Schweizer Fernsehen schickt seine lieben Zuschauerinnen und Zuschauer grundsätzlich früher ins Bett als die meisten anderen Sender. Nach Mitternacht sorgt meist nur noch der Teletext für Spannung. Dafür galten die Sendungen für Kinder im Vorschulalter als Pionierleistung, denn in den Studios in Leutschenbach versuchte man schon gute Kinderprogramme zu gestalten, als in anderen Ländern Kinder vor der Glotze nur als Fehlverhalten der Eltern angesehen wurden, womit sich die Kleinen tatsächlich Unpassendes reinzogen.

Unklar ist, ob die Fernsehmacher pfiffiger sein könnten, wenn man sie machen liesse, oder ob sie noch schlaffer wären, wenn ihnen die Presse nicht immer wieder mal einen bös gemeinten Kick gäbe. Vor allem der *Blick*, das einzige Boulevardblatt der Schweiz, hat sich in den letzten Jahren als Wächter des Schweizer Fernsehens hervorgetan und dabei – welche Überraschung – die Grenzen der Fairness mehr als einmal überschritten. Niemand konnte mit Sicherheit sagen, ob da die Journalisten ihrer Meinung verpflichtet schrieben oder ob sie gegen das »monopolistische Staatsfernsehen« wetterten, weil der Mediengigant *Ringier*, zu dem der *Blick* gehört, gerne ins TV-Geschäft einsteigen würde.

Blick ist mit etwa 170 000 Auflage die grösste Schweizer Tageszeitung und eigentlich die einzige überregionale. Das Blatt orientiert sich an *Bild*, ist aber weniger hart in seinen Polemiken. Hinter *Blick* nimmt der Zürcher *Tages-Anzeiger* mit etwa 165 000 den zweiten Platz und in der Region Zürich eine marktbeherrschende Position ein. Die *Neue Zürcher Zeitung* (*NZZ*) liegt mit etwa 115 000 Exemplaren im ähnlichen Grössenbereich wie die *Neue Luzerner Zeitung*. Die Schweizer sind zwar eifrige Tageszeitungskonsumenten. Aber das veränderte

Leseverhalten der Leute macht den teilweise traditionsreichen Blättern das Leben schwer. Informationen werden zunehmend über digitale Kanäle konsumiert. So wundert es nicht, dass die Printausgaben laufend massiv an Auflage verlieren – selbst renommierte Zeitungen wie die *NZZ*, die unter Insidern nur die »Alte Tante« genannt wird.

Worauf sich das gute Image der *NZZ* stützt, entzieht sich weitgehend unserer Wahrnehmung. Das Layout, das während fast hundert Jahren unverändert blieb, erhielt 2005 ein Face-Lifting, und selbst Farbfotos fanden Eingang ins Blatt. Doch alte Zöpfe wie »keine Verben in Titeln« wurden nicht abgeschnitten. Da wird »gedurcht«, dass die Schwarte kracht: »Positive Bewertung durch Präsident ...« oder »Unterstützung für den Likud durch ...« und substantiviert in hoher Vollendung: »Kontaktsuche der ... zu den Amerikanern«, »Deutliche Reduktion ... -ischer Atomwaffen« und als Kombination: »Freilassung der ... durch Bagdad«. Die *NZZ* ist zudem bei der vorletzten Rechtschreibreform stehen geblieben, anstelle von f wird zum Beispiel immer noch ph geschrieben, und placiert wird platziert vorgezogen. Das zum Formalen. Inhaltlich ist die *NZZ* bei der Wirtschaftsberichterstattung schon recht nahe am Ball, die Auslandskorrespondenten geniessen ihren guten Ruf oft zu Recht. Innen- oder gar lokalpolitisch kommt die *NZZ* aber nicht über Lokalzeitungsformat hinaus. Was die Freisinnig-Demokratische Partei verlauten lässt, ist mit wenigen Ausnahmen – Credo. Da ist sich die *NZZ* auch nicht zu schade, im Vorfeld von Wahlen und Abstimmungen oder bei politischen Rangeleien mal kräftig in die Schlammschüssel zu greifen, um eine Handvoll an die unliebsame Adresse abzufeuern.

Allerdings im Allgemeinen bescheiden hinter einem Kürzel wie *Bü.*, *mü.* oder *sg.*, denn die Artikel werden nicht mit vollem Namen gezeichnet. Wer es genau wissen will, kann ja im Impressum die Kürzel aufschlüsseln.

Die *Weltwoche* galt als spannend zu lesendes Politmagazin, das sich nicht einer bestimmten politischen Linie verschrieben hat. Unter ihrem neuen Besitzer, dem ehemaligen Chefredaktor der *Welt*, Roger Köppel, hat sich die *Weltwoche* immer mehr zu einem Sprachrohr der SVP entwickelt. Klimaerwärmung? So ein Quatsch! Bioprodukte? Eine blanke Lüge. Und dazu Reportagen über Christoph Blocher in einer Fülle, die kaum ein Aussenstehender versteht, da irgendwann jeder davon satt sein sollte. Daneben hat sich die linke *Wochen-Zeitung (WoZ)* etabliert, von deren Insiderwissen häufig die grösseren Blätter profitieren. Allgemein positiv ist an den Schweizer Zeitungen ihr Format. Etwas kleiner als im Ausland, bereitet es beim Lesen in Zug oder Tram weniger Pein und Peinlichkeit (»Herr Nachbar, lassen Sie mich blättern«). Daran haben sich auch die Gratisblätter orientiert, die sich unter anderem als Pendler-Zeitungen verstehen. Ihre Zahl wächst, und sie werden immer mehr gelesen, die grösste (*20 Minuten*) hat eine Auflage von 450000, also wesentlich mehr als die beiden grössten Kaufzeitungen zusammen, *Tages-Anzeiger* und *Blick*, erreichen. Und sie haben bemerkenswerterweise einen Zeitungsleseboom ausgelöst. Davor haben die deutschen Verleger Angst: dass die Tageszeitungen gratis werden könnten. In der Schweiz haben die grossen Verlage die Flucht nach vorne angetreten: *20 Minuten* und *Blick am Abend* suchen Abnehmer, was auch den kleinen Zeitungen Kopfzerbrechen bereitet.

Obwohl vor allem Lokalblätter weit von Ausgewogenheit entfernt sind, weil sich die dargelegte Meinung meist mit der des (Familien-)Verlegers deckt, hat der schweizerische Hang zur Versöhnlichkeit eine seltsame Blüte getrieben. 1991 hielt das Bundesgericht fest, dass es nicht nur für Artikel, sondern auch für Karikaturen und Fotografien ein Gegendarstellungsrecht gibt. Das *Bundesgericht* kritisierte in der Urteilsbegründung die erstinstanzlich entscheidenden Richter in Basel, die Karikaturen als Meinungsäusserung und nicht als Tatsachendarstellung definierten. Wir dürfen auf manch gegendargestellte Eselei gespannt sein. Die Karikaturisten regten sich schnell auf. Der Zürcher Alex Macartney liess sich sogar zu einem Exkurs über Humor hinreissen, den er den Leserbriefspalten zur Verfügung stellte und der einiges auf den Punkt bringt: »Eidgenössische Richtlinien zum Humor: § 1 Humor soll lustig sein. § 2 Humor soll nicht auf Kosten von Ausländern, Betagten, Schwulen, Behinderten, Frauen, Tieren, Pflanzen, geografischen Regionen oder anderen Minderheiten leben. § 3 Humor soll Rücksicht nehmen auf herzkranke, blasenschwache oder depressive Menschen. § 4 Wenn eine Person sich durch Humor verletzt fühlt, so hat diese ein Recht auf Gegendarstellung. § 5 Humor soll konstruktiv und anschaulich sein. § 6 Humor soll pädagogisch sinnvoll sein. Er soll des Weiteren die demokratischen Werte aufzeigen und fördern. § 7 Humor soll von allen sozialen Schichten (inklusive Analphabeten und Ausländern) verstanden werden können. § 8 Das Betätigungsfeld für Humor soll allen sozialen Schichten, Berufsgattungen und Rassen offenstehen.«

Während der zehner Jahre galt Zürichs Dadaistenszene als kreativer Kuchen, als Fluchtort gewannen hier Theater- und Kunstzirkel in der Nazizeit an Gewicht. Gegenwärtig ist aber weder bei den etablierten noch bei den alternativen Kulturbetrieben eine lebendige Szene auszumachen. Dafür haben »Spektakel« und Festivals aller Art Konjunktur. Das Jazz-Festival in Montreux etablierte sich weltweit als eines der besten, das Theater-Spektakel in Zürich zieht nicht nur Zuschauer in Massen, sondern auch allerlei exotische Gruppen an, und das knapp einwöchige Kino-Spektakel (wieder in Zürich) scheint zu beweisen, dass mittlerweile alles ein Erfolg werden kann, sobald von einem Spektakel die Rede ist.

Apropos Kino: Was man in Deutschland häufig nur mitternächtens im Programmkino zu sehen bekommt, gibt's hier allerorten: Die Deutschschweiz ist das Eldorado der Cineasten, die es unsynchronisiert lieben. Im Allgemeinen werden die Filme in Originalfassung mit Untertiteln gezeigt. In der Romandie hingegen laufen die Filme meist in französischer Synchronfassung. Informationen über die Sprachen im Kino liest man so: Wenn im Programm zu einem Film in irgendeiner Ecke die Buchstaben *E / d / f* stehen, heisst das, dass im Film englisch gesprochen wird sowie deutsche und französische Untertitel hineinkopiert sind. Steht in der Romandie im Kinoprogramm hübsch klein *v. o.*, wird der Film in der Originalversion *(version originale)* gezeigt.

Auch das weitere Kulturangebot der Schweiz darf sich sehen lassen. Die verschiedenen Opernhäuser in Basel, Zürich oder Genf geniessen einen guten Ruf, die Schauspielhäuser zehren eher von ihrem verblichenen aus grossen, politisch schwierigen Zeiten oder den Querelen um Christoph Marthaler, der das Zürcher Schauspielhaus in die Schlagzeilen der deutschsprachigen Presse brachte und gleichzeitig ins finanzielle Desaster führte. Für Museumsgänger ist die Schweiz geradezu stressig. Die Monet-, Alberto Giacometti- und Matisse-Sammlungen im Zürcher Kunsthaus sind unter Kennern in ganz Europa bekannt. Mittlerweile steht in Bern ein grossartiges Kleemuseum und in Basel ist die Fondation Beyeler über die Grenzen hinaus bekannt. Das Museum Rietberg in Zürich – in dem einst Richard Wagner wohnte – zeigt fernöstliche Kunst. Unterziehen Sie aber nicht nur die professionell geführten Museen der grösseren Städte einer Prüfung. Kleinere Orte und Dörfer überraschen Sie oft mit einem Ortsmuseum, in denen Kurioses, Banales und Historisches liebevoll zusammengetragen wurde. Öffnungszeiten sind meist kurz, dafür auch flexibel, da Führung und Überwachung des Ortsmuseums nicht selten von einem initiativen Mitglied der Gemeinde ehrenamtlich besorgt werden.

Bei Küde und Susle zu Besuch

Gratulation. Wie haben Sie das bloss geschafft? Jetzt ist es eigentlich an Ihnen, zu erzählen! Wenn Schweizer Sie zu sich nach Hause einladen, haben Sie sich das ehrlich verdient, verdient, verdient. Schweizer sind sehr diskret und privat. Überraschungsbesuche verursachen ihnen Pein. Wie stehen die Leute da, wenn sie Ihnen dies und das nicht anbieten können. Was diese Leute von *Ihnen* denken, wagen wir Ihnen gar nicht auszumalen. Besuche müssen immer vorher – bis zu einer Woche oder länger – terminiert sein. Das ist unter Schweizern nicht anders, bekommt aber mit ausländischen Gästen noch mehr Bedeutung.

Im Genuss einer Einladung, haben Sie offenbar verschiedene Klippen auf dem Weg zum Herzen der Schweizer umschifft, oder Sie hatten keine Gelegenheit, in Fettnäpfchen zu treten. Sie haben wahrscheinlich eher vor 20 Uhr und sicher nie nach 21 Uhr angerufen, sich nicht als Erstes nach dem Einkommen erkundigt und vor allem bewiesen, dass Sie nicht zu jenen vorlauten Deutschen gehören, die eine Diskussion über ein kniffliges Thema mit einer spannungshalber überspitzt formulierten These eröffnen. Denn der Schweizer nimmt ernst, was Sie sagen, und schweigt womöglich um des Friedens willen, wenn Sie auf eine Replik Ihrer gar nicht so giftig gemeinten Provokation hoffen. Ironie wird in Zweifelsfällen eher nicht verstanden.

»Wann tritt denn die Schweiz endlich Europa bei?«, ist vielleicht für Sie eine unverfängliche Eröffnung wie e2-e4 im Schach. Doch während Sie e7-e5 erwarten (etwa: »Möglicherweise dient der EU ein stabiler Franken und ein funktionierender Finanzplatz mehr, als wenn die Schweiz ihre Vorzüge innerhalb der EU aufgeben müsste, oder?«), läuft im Schweizer Schädel ein anderer Film: »Was will denn der uns in der EU haben? Die Osterweiterung inklusive Balkan noch nicht verdaut – und von allem überfordert. Ich bin zwar für den EU-Beitritt, aber das geht niemanden was an«, und er sagt schliesslich: »Die einen machen's so, die andern anders«, und ist fortan noch reservierter. Einem solchen Dialog sind Sie also glücklich ausgewichen und sind, nehmen wir mal an, zum Abendessen eingeladen worden, dürfen also davon ausgehen, dass man Sie nicht nur akzeptiert, sondern bereits daran ist, Sie zu mögen. Ginge es nämlich nur um eine Begegnung, hätte man sich mit Ihnen in einem – vielleicht besonders ausgewählten – Restaurant getroffen.

In diesem Kapitel werden wir Ihnen nicht nur Gepflogenheiten bei Schweizern ein wenig ausmalen, sondern Sie noch über verschiedene Alltagsprobleme der

Schweizer informieren, womit Sie für die Tischkonversation gewappnet sein sollten.

Über die Pünktlichkeit der Schweizer wird zu Unrecht gelästert. Sie gehen damit viel lockerer um, als Sie glauben. Wenn man Sie um 19.30 Uhr bestellt hat, können Sie durchaus eine Minute zu früh bis zwei zu spät kommen. Das wird immer noch als passabel pünktlich empfunden. Ein kleines *Mitbringsel* ist keine Pflicht, aber üblich. Beschämen Sie Ihre Gastgeber nicht mit einem teuren Geschenk. Der Schweizer hasst es, in jemandes Schuld zu stehen. Eine gute Flasche Wein, die bewundernd kommentiert und dann für eine andere Gelegenheit beiseitegestellt wird (man will ja nicht den Eindruck erwecken, man hätte nicht vorgesorgt, und erspart Ihnen unter Umständen die Peinlichkeit, dass er *Zapfen hat* – nach Korken schmeckt –, überdies hat er vielleicht nicht die richtige Temperatur und wurde auf dem Transport durchgeschüttelt), Blumen oder eine CD (bei Gastgebern, deren Geschmack man kennt). Von einer grossen *Toblerone* raten wir Ihnen ab. Nicht erst seit das *Schoggimatterhorn* einem amerikanischen Nahrungsmittel- und Tabakkonzern gehört, hat es in Schweizer Stuben seinen Überraschungseffekt eingebüsst. Am einfachsten schaffen Sie sich die Probleme vom Hals, wenn Sie beim Abmachungsgespräch folgenden Dialog provozieren können:

»Soll ich etwas mitbringen?«

»Nein, lassen Sie nur.«

»Ich habe bei mir in der Nähe eine gute Confiserie gesichtet. Ich bringe den Dessert mit.«

»Na, das wäre doch nicht nötig gewesen. Aber vielen Dank.«

Wir wissen, Sie hätten den Dialog nicht so geführt.

Confiserie wäre Ihnen kaum im richtigen Moment auf die Lippen gekommen, für Dessert wollen wir das nicht ausschliessen, aber dass das Dessert in der Schweiz maskulin ist (genau wie die Butter), das zu akzeptieren und gegebenenfalls zu verwenden, trauen wir nur Schweizkennern zu, denen diese *Gebrauchsanweisung* kaum mehr Neues zu vermitteln vermag. Mit dem Dessert liegen Sie meist richtig, auch wenn Sie nicht gleich den Spitzenreiter – *Luxemburgerli* von *Sprüngli* – mitbringen. Anders gesagt: Mit Luxemburgerli von Sprüngli haben Sie das Herz Ihres Gastgebers schon halb gewonnen, es sei denn, er oder sie wären auf Diät. Blumen für die Frau sind da verlässlich. Sollten Sie sich auf einen bestimmten Wein kaprizieren wollen, um ihn Ihren Gastgebern zu kredenzen, bestehen Sie auf dessen Öffnung. Das ist nicht unhöflich, da Sie offensichtlich alle Risiken zu tragen bereit sind. Vorsicht: Schweizer *kommen* in der Regel *draus* mit Wein. Versuchen Sie daher nicht mit einem 15-jährigen Beaujolais Primeur Eindruck zu schinden.

Das Mitbringsel übergeben Sie während oder kurz nach der Begrüssung, die im Allgemeinen mit einem *Grüezi* (wenn Sie per Sie sind) oder Guten Abend, begleitet von einem kräftigen Händedruck vollzogen wird. Wenn Sie schon per du sind, ist ein *Hoi* oder *Sali* als Begrüssung und das *Ciao* bei der Verabschiedung am gängigsten. Eingebürgert hat sich auch der Begrüssungskuss, den richtig anzuwenden gute Beobachtungsgabe und Konzentration voraussetzt. Wenn bereits eine gewisse Vertrautheit besteht, küssen Männer Frauen sowie Frauen Frauen zwei- bis dreimal auf die Wangen (oder mindestens angedeutet). Männer küssen Männer seltener, kommt aber vor. Je weiter Sie gen Westen kommen, desto eher wird dreimal geküsst. Bereits Bern ist fest in den Lippen der Dreifachküsser. Wir können Ihnen keinen schlüssigen Tipp geben, woran Sie die einen von den anderen unterscheiden können. Aber Sie wissen ja: Was Sie mit Charme überspielen, kann nicht peinlich sein. Wenn Ihnen bei der Begrüssung jemand namentlich vorgestellt wird – sei es Ehefrau oder -mann oder Mitbewohner –, versuchen Sie, sich den Namen zu merken. (Wir kommen am Schluss des Kapitels darauf zurück.) Die Schweizer haben ein phänomenales Namensgedächtnis. Während Sie vielleicht den Namen schon während der Vorstellung auf einer grösseren Party vergessen haben, kann es gut sein, dass einer der Anwesenden Sie bei anderer Gelegenheit ein Jahr später mit Ihrem (richtigen) Namen begrüsst.

Auf Titel wird in der Schweiz wenig Wert gelegt. Wer unbedingt mit Herr Doktor Hänggeli angesprochen werden will, den brauchen Sie ja nicht zu besuchen. Es sei denn, es handelt sich um einen Geschäftspartner, der Ihnen so vorgestellt wurde und noch keine Gelegenheit fand, vom Doktor ein wenig abzurücken. Erschwerend kann sich auswirken, dass Sie auf Vornamen treffen, die Sie noch nie gehört haben. Neben allerlei Exotischem (mindestens) aus ganz Europa, treffen Sie auf Urs, Reto, Pirmin und Beat (nicht englisch auszusprechen). Damit nicht genug: Die Schweizer meinen, schöne Namen durch »Kürzung« würzen oder veredeln zu müssen. Die derart Verstümmelten können Sie nicht mehr wiedererkennen: *Mäge* oder *Küse* (Markus), *Silä* (Silvia), *Hanspi* (Hanspeter), *Chrigä* (Christina), *Tschüge* (Jürg), *Tömel* (Thomas), *Pitsch* (Peter), *Küde* (Kurt), *Lise* (Elisabeth), *Sämi* (Samuel), *Üse* (Urs), *Chlöse / Nick* (Niklaus), *Susle*

(Susanne), *Päde* (Patrick), *Roli* (Roland), *Res* (Andreas), *Babs* (Barbara) und *Stöfi* (Christoph) sind ein paar schnell herausgegriffene Beispiele.

Schweizer Minderwertigkeitskomplexe und tatsächliche Provinzialität hin oder her – angesichts der Schweizer Lebensart ist es an Ihnen, sich (ein bisschen) zu schämen. Tun Sie's getrost. Auch wenn Ihr höflicher Schweizer Gastgeber Ihrem Lob natürlich bescheiden widersprechen wird, im Grunde ist es Balsam für seine Seele.

Vieles, was sich in Deutschland erst in den achtziger Jahren an Lebensart etablieren und bis heute den leicht neureichen Touch nicht abstreifen konnte, hat in der Schweiz bereits Tradition. Ein guter Indikator für dieses *Savoir vivre* ist die Ess- und Kochkultur. Die Schweizer assen schon *Risotto*, als Sie das noch für pappigen Milchreis gehalten hätten und Ihnen der Kochbeutelreis nicht trocken genug sein konnte.

Das Schweizer Essen und das Angebot an Lebensmitteln sowie deren Qualität sind durchweg besser als das, was in deutschen Landen auf den Tisch kommt. (Grobe Leberwurst und Pökelfleisch vielleicht ausgenommen.) Nicht nur die Fleischpreise in der Schweiz übertreffen die in Deutschland um einiges, die Fleischqualität tut es auch. Die Auswahl an französischem, italienischem und Schweizer Käse, die Sie hier in normalen Lebensmittelläden bekommen, erreicht in der Regel das Niveau der Käsetheken in Kaufhäusern deutscher Grossstädte. In einem Discountladen wie Denner finden Sie ein Sortiment an Weinen (zu niedrigen Preisen übrigens!), das Ihren Weinhändler daheim vor Neid erblassen lassen könnte. Für getrocknete Steinpilze oder Morcheln, eine Flasche des eichenfassgelagerten *aceto di Modena* (Weinessig aus Modena), ein Päckchen Wildreis, frische Küchenkräuter, frische Milch, *prosciutto di Parma*, kaltgepresstes Olivenöl *extra vergine*, Scampi, Austern oder *coquilles St. Jacques* müssen Sie in der Schweiz nicht diverse Delikatessenläden durchkämmen – die Migros (zum Beispiel) hat's in etlichen Filialen. Einen *Chablis* oder einen *Brunello di Montalcino* kaufen Sie im Discount nebenan. Und zum Aperitif einen Champagner (billiger als in Deutschland!). Nicht neidisch werden: Die Schweizer saufen den Champagner auch nicht alle Tage und kübelweise und schlürfen dazu Austern – aber sie haben auf gute Art den Italienern und Franzosen das Essen und Kochen abgeguckt, auch wenn sie es selber nicht so zu geniessen scheinen wie diese. Tun Sie es an ihrer Stelle.

Zu Ihrem Besuch: Sollten Sie absichtlich – oder gemäss Abmachung – zu früh erschienen sein, weil Sie noch beim Kochen helfen wollen, müssen Sie nicht zuletzt mit den Abfällen sorgsam umgehen. Selbst in den Städten, wo Sie weiss Gott keine Komposthaufen vermuten, werden immer häufiger organische Abfälle separat gesammelt. Manche haben gar ihren eigenen Kompostcontainer im Keller inklusive Wurmpopulation.

Was den Umweltschutz angeht, ist die Schweiz im europäischen Vergleich verhältnismässig fortschrittlich. Der Separierungstick (Kompost, grünes Glas, weisses Glas, braunes Glas, Batterien, Aluminium, Altpapier), der in der Schweiz die weitverbreiteten grünen Herzen höher schlagen lässt (ohne dass es eine besonders einflussreiche grüne Partei gäbe), diese Privatisierung kommt dem Hang der Schweizer entgegen, durch Schuldgefühle und Bespitzeln zu lösen, was man durch Schuldgefühle und Bespitzeln lösen kann. Das klingt gehässig, enthält aber mehr als nur ein Körnchen Wahrheit. Der Altpapiersammelslogan »Papier bleibt hier« verlockt den Nichtschweizer stets zu antworten: Euer Scheissaltpapier will doch gar keiner.

Es ist der Geist der *Anbauschlacht* selig, der solchen (an sich ja sinnvollen) sparsamen Umgang mit den Ressourcen durchweht. Anbauschlacht hiess während des Zweiten Weltkriegs der heroische Versuch, durch Anbau von Kartoffeln, Möhren etc. in öffentlichen Parks die Schweizer Landwirtschaft von ausländischen Importen unabhängig zu machen. Die psychologische Bedeutung dieser Aktion übertraf die ökonomische bei Weitem. In der Schweiz gilt noch ein weiteres Motto: Wenn du zwischen rationalen Argumenten und den Versatzstücken der Geschichtsmythologie wählen kannst, dann entscheide dich für Letztere.

Nicht nur Altglas, Altpapier und Atommüll gehören bekanntlich sauber beseitigt, auch die beim Verzehr der *Marroni* (Esskastanien) anfallenden Schalen sollten unbedingt artgerecht entsorgt werden. Wie das geschehen könnte, sollte ein Modellversuch in Zürich zeigen, der Ende der achtziger Jahre vom Zürcher Strasseninspektorat gesponsert wurde. Nachdem mit der Einführung des *normierten Marronibrathäuschens* in Zürich bereits der Verwilderung des Strassenbildes erfolgreich entgegengewirkt wurde, sollte nunmehr der Unsitte des Marronischalen-auf-die-Strasse-Werfens durch die Einführung eines Marronidoppelkammerbeutels Einhalt geboten werden. Der Doppelkammerbeutel, der die vormalige einfache Spitztüte ersetzen sollte, beruht auf einem so simplen wie wirksamen Prinzip: In die eine Kammer des Doppelkammerfaltbeutels füllt der Marronibrater –

wie bisher! – die heissen Kastanien. Die andere füllt der Kunde selbst mit ebenjenen während des Marroniverzehrs anfallenden Schalen, auf dass diese wirklich nur noch an-, aber nicht abfallen. Ein unermesslicher Fortschritt gegenüber dem früheren gemeinen Einkammerbeutel. Erstaunlicherweise blieb es bei dem Pilotversuch.

Auch wenn sich die neuartige Marronischalenbeseitigung nicht durchsetzen konnte, hat die Schweizer Hundedreckbeseitigung längst weltweiten Spitzenstandard erreicht – nicht mit kommunalen Hundescheissestaubsaugern wie in Paris, sondern dank einer Methode, die der schweizerischen Individualmentalität des »Jeder sei sein eig'nes Herrchen« weit besser entgegenkommt. Die Rede ist vom *Robidog*. Der Robidog ist eine Gerätschaft zur Aufnahme des auf die Strasse geschissenen Hundekots. Er besteht aus einer Art Abfalleimer und einem Spender kleiner Plastiktüten, die den noch handwarmen Kot füglich aufnehmen sollen. (Anleitung: »Greifen Sie mit einer Hand in den Sack, dann damit den Kot, stülpen Sie den Sack über den Kot in Ihrer Hand und verknoten Sie den Sack.«) Die gutverknoteten Säckchen werden anschliessend in die Öffnung des Robidogs eingeworfen. Unbedingt ausprobieren.

Um den Hund nun aber nicht ganz seiner natürlichen Freude an der Defäkation in freier Wildbahn zu berauben, gibt es darüber hinaus sogenannte *Hundeversäuberungsstrecken*. Darin kann des Menschen bester Freund sich nach Herzenslust »versäubern«, wie Schweizer Ämter sich das Defäkieren zu nennen geeinigt haben. Wer wiederum die Versäuberungsstrecken absäubert, entzieht sich unserer Kenntnis.

Der Tagesrhythmus von Herrn und Frau Schweizer –

um zu Ihren Gastgebern zurückzukehren – wird stark von den Kindern mitbestimmt. Die diversen kantonalen Schulsysteme eint die gemeinsame Unverfrorenheit, von der allzeitigen Verfügbarkeit der Mütter auszugehen. Tagesschulen sind die Ausnahme. Wer beispielsweise zwei Kinder im Alter von sieben und neun Jahren hat, kann das eine Kind um 8 Uhr verabschieden (oder zur Schule bringen), das andere um 10 Uhr, wobei das erste vielleicht um 10 wieder nach Hause kommt. Das eine hat am Nachmittag frei, das andere nicht. Weitere Kombinationen sind mit 9 und 11 Uhr sowie zwischen 14 und 17 Uhr zu bewerkstelligen, wobei in der Regel für beide von 12 bis 14 Uhr Mittagspause ist. Einige Kantone haben in den letzten Jahren den Schulbesuch auf die Fünftagewoche eingerichtet. Ob das gut sei, wird noch immer diskutiert. Aufgrund der verschiedenen Schulsysteme absolvieren im einen Kanton die Kinder in der Primarschule 7000 im anderen über 9000 (obligatorische) Lektionen zu 45 oder 50 Minuten.

Kinder in Privatschulen zu schicken hat in der Schweiz bislang wenig um sich gegriffen. Die Qualität der öffentlichen Schulen wird nicht grundsätzlich angezweifelt. Als nennenswerte Alternative bieten sich vor allem die *Rudolf-Steiner-Schulen* an. Die Mehrheit der Privatschulen greifen erst ab dem Gymnasium in den Markt ein. Dort ist zwischen 5000 und 50 000 Franken im Jahr fast alles zu haben, Tagesschulen bis Internate. Wegen ihrer internationalen Reputation sind diese Privatgymnasien, deren Abschlüsse meist weltweit anerkannt sind ausser in der Schweiz, vor allem bei nicht mittellosen Ausländern beliebt. In der Schweizer Oberschicht ist der Bildungsdünkel nicht extrem ausgeprägt.

Dass die Schweizerinnen die Quadratur des Zirkels schon bald geschafft haben, zeigt ein Blick auf die Statistik: 74 Prozent von ihnen sind berufstätig (Deutschland 68 Prozent, Frankreich 59 Prozent, Italien 47 Prozent), davon geht gut die Hälfte einer Teilzeitarbeit nach (in den Nachbarländern etwa je ein Viertel). Job, Kinder, zuzüglich elternfeindliche Schulsysteme und lausiger Mutterschafts- und Kündigungsschutz machen die Frauen in der Schweiz einerseits zu einer Manövriermasse für die Wirtschaft, anderseits halsen sie ihnen die Aufgaben auf, die in Industrieländern üblicherweise vom Staat übernommen werden.

Die Schweizers wohnen zu etwa 30 Prozent im eigenen Heim. Wohneigentum ist ausserordentlich teuer. Die meisten sind also Mieter und bleiben es auch, obwohl sich – das haben Abstimmungen über *Reichtumssteuer* und Raumplanung gezeigt – die Mehrheit mit den Hauseigentümern identifiziert. Mieten (und deren Erhöhungen), Hypothekenzinsen, Bodenpreise, Wohnungsgrösse und -ausrüstung sind bei Schweizern heissgeliebte Diskussionsthemen. Es wird keineswegs als unhöflich empfunden, wenn Sie sich die Wohnung »mal anschauen« möchten und fragen, was sie denn so kostet und wie man sie gefunden habe, denn vor allem in den Städten hat der Kampf um eine erschwingliche Wohnung zu einem Solidaritätsgefühl geführt, das selbst die Zurückhaltung in Geldfragen abbröckeln lässt.

Wenn also ein Abendessen sich bis 22 Uhr oder aber bis Mitternacht hinziehen kann, ist es vielleicht nicht so einfach zu wissen, wann man zu gehen hat. Der »Lifestyleberater Dr. Kuno« einer Sonntagszeitung rät den Gastgebern: »Versuchen Sie's mit dem abgewandelten

Wirtetrick: Die Stühle können Sie zwar nicht auf den Tisch stellen, aber sorgen Sie auf subtile Art dafür, dass es ungemütlich wird. Beginnen Sie mit dem Abräumen unter mehrmaliger Aufforderung ›Nein, nein, bleibt nur‹. Steuern Sie demonstrativ nichts mehr zum Gespräch bei, gähnen Sie stattdessen und reiben Sie sich die Augen. Wenn nichts mehr hilft: Lenken Sie die Unterhaltung auf die Frage, wer wann am nächsten Morgen aufstehen muss.« Das liegt den Schweizern am Herzen. Die Arbeitswut ist ja schon sprichwörtlich und bei noch weitverbreiteter 44-Stundenwoche auch statistisch abgefedert. Ein anderes Zeichen dafür, dass Sie den netten Abend zu einem Ende kommen lassen sollten, ist, dass Ihnen nicht mehr nachgeschenkt wird.

Ihre Gastgeber werden aber solche Tricks nicht anwenden müssen, da Sie ja mittlerweile die Seele der Schweizer gut genug kennen und der Winke nicht bedürfen. Dazu sind Sie Gast und geniessen das Privileg, dass man sich nach Ihnen richtet.

Und schliesslich: Sind Sie bei Schweizern eingeladen oder gehen mit Ihnen ins Restaurant, so müssen Sie keine anderen Höflichkeitsregeln als in Deutschland beachten, einzig die: Die Schweizer haben Freude daran, wenn man mit Ihnen vor dem ersten Schluck Wein anstösst. Dazu sagt man schlicht »Prost«, blickt dem Gegenüber in die Augen und nennt noch einmal den Namen. Dies ist auch einer der Momente, wo Sie, wenn Sie wollen und den Eindruck haben, dass Ihre Freunde auch wollen, *Duzis machen* können: »Ich bin der Peter. Prost Beat.«

Und das ist dann der Beginn einer wundervollen Freundschaft.